Assurances mutuelles sur la Vie.

L'ÉQUITABLE

AUTORISÉE PAR ORDONNANCE ROYALE.

LISTE DES SOUSCRIPTEURS

EXERCICE 1842.

DIRECTION GÉNÉRALE

A Paris, 18, boulevard des Italiens.

PROSPECTUS.

L'ÉQUITABLE est une Caisse d'épargne collective dont l'Etat est le tuteur et le caissier; elle associe le plus grand nombre possible de versements, quel que soit le montant de chacun d'eux, afin que ceux des Sociétaires qui survivront, à une époque déterminée, partagent, dans la proportion de leurs apports individuels, 1° les accumulations d'intérêt; 2° les mises de ceux qui sont morts.

Par le double bénéfice que produisent la mortalité et la capitalisation semestrielle d'intérêts, on trouvera dans **L'ÉQUITABLE** des avantages beaucoup plus importants qu'aucun autre genre de placement n'en peut offrir.

Cette institution réunit toutes les garanties des Caisses d'Epargne ordinaires, et fournit le moyen de préparer le bien-être de l'avenir par de faibles économies prélevées sur le présent.

Une seconde ordonnance royale du 12 juin 1842, place **L'ÉQUITABLE** sous **LE CONTROLE IMMÉDIAT** d'une **COMMISSION DE SURVEILLANCE**, présidée par un membre du Conseil-d'État. Cette Commission est chargée de constater, **AU MOINS UNE FOIS PAR SEMAINE**, la situation des livres et registres, celle des sociétés ouvertes ou fermées, de s'assurer du montant des versements, de leur emploi en rentes sur l'État, et enfin, de l'accomplissement des formalités prescrites par les statuts, pour **LA CONSTITUTION**, **L'ADMINISTRATION** et **LA LIQUIDATION** des Sociétés, et pour la distribution soit des arrérages, soit des capitaux.

PRINCIPALES APPLICATIONS DE L'ASSURANCE:

Dot, Fonds d'Industrie, Caisse militaire. — Education, Donations charitables, Rentes viagères, immédiates et différées. — Dégrèvements d'Hypothèques.

MODE DE SOUSCRIPTION.

Chacun peut souscrire à tout âge, à toute époque, et pour un temps dont il détermine lui-même la durée, selon l'emploi qu'il se propose.

Le paiement de la somme souscrite s'effectue, soit par un versement unique, soit par plusieurs versements annuels, au choix du Souscripteur.

En souscrivant à la fois sur plusieurs têtes d'âge différent, on neutralise les risques les uns par les autres; il y a donc intérêt, pour le chef d'une famille, à en assurer tous les membres.

VERSEMENTS.

On peut verser *depuis 10 francs jusqu'aux sommes les plus fortes*. — A Paris, les versements se font à la caisse de la Direction Générale, soit en un titre de rente, soit en espèces. — Dans les départements, à la caisse des Receveurs-Généraux, qui les convertissent immédiatement en rentes sur l'État immatriculées au nom de la Société à laquelle elles appartiennent.

Le décès de l'Assuré dispense le Souscripteur de tous versements ultérieurs.

GARANTIES EXIGÉES PAR L'AUTORITÉ.

I. — Gestion du Directeur garantie par un cautionnement progressif de 25,000 fr. de rente, en rente 3 pour cent, ou environ 700,000 fr.

II. — Création d'une Commission royale qui soumet les opérations de L'ÉQUITABLE à une surveillance spéciale.

III. — Publication semestrielle des comptes de l'institution, et dépôt au Ministère du Commerce, à la Préfecture de la Seine, à la Préfecture de Police, à la Chambre du Commerce, et au Greffe du Tribunal de Commerce de Paris.

IV. — Intervention du Ministre des Finances dans les répartitions.

V. — Conseil de surveillance nommé par l'Assemblée générale, et chargé d'inspecter dans ses réunions mensuelles tous les actes de la Direction.

ASSURANCES MUTUELLES SUR LA VIE.

L'ÉQUITABLE,

AUTORISÉE PAR ORDONNANCE ROYALE DU 29 JUILLET 1841.

Direction centrale à Paris, boulevard des Italiens, 18.

SOUSCRIPTIONS OBTENUES

DANS LE DERNIER SEMESTRE DE L'ANNÉE 1842.

NOMS DES SOUSCRIPTEURS.	NOMS DES ASSURÉS.	PROFESSIONS.	DEMEURES.	Sommes
ABBLART.......	Abblart......	Marchand de bois.	Perpignan (Pyrénées-Or.)	190
ABOT-LACROIX.	Abot (Mlle)..	Rentier..........	Mamers (Sarthe).......	3,000
ADENOT.......	Adenot.......	Propriétaire......	Dezize (Saône-et-Loire).	400
ADUY..........	Aduy........	Marchand de peaux	Perpignan (Pyrénées-Or.)	360
ALAVOINE......	Alavoine.....	Carier...........	Thiescourt (Oise).......	100
ALBERT........	Albert (Mlle).	Huissier..........	Rochefort (Charente-I.).	1,000
ALÉPÉE........	Alépée.......	Rentier..........	Bernay (Eure)..........	150
ALLART.......	Allart (Mlle)..	Cultivateur.......	Ray (Ardennes)........	300
ALLÉAUME.....	Alléaume.....	Rentier..........	Bolbec (Seine-Infér.)....	100
ALLIAUME.....	Alliaume.....	Charpentier.......	Villers (Ardennes).....	360
ALMARIC (d') DE FEISSOLLES.	De Feissolles..	Caissier du recev.-général.	Limoges (Haute-Vienne.)	1,000
AMABLE.......	Amable......	Propriétaire......	Trécy (Seine-et-Marne.).	1,000
AMANIEU.......	....	Menuisier........	Bordeaux (Gironde)....	540
»	Amanieu (Me).	....	Id.	270
»	Amanieu.....	....	Id.	270
AMÉDÉE.......	....	Employé.........	Id.	810
»	Amédée......	....	Id.	270
»	Amédée......	....	Id.	270
»	Amédée......	....	Id.	270
AMON..........	....	Cordonnier.......	Bourg-la-Reine (Seine)..	500

NOMS DES SOUSCRIPTEURS.	NOMS DES ASSURÉS.	PROFESSIONS.	DEMEURES.	Sommes
AMON..........	Amon........	....	Bourg-la-Reine (Seine).	150
»	Amon (Mlle)..	....	Id.	150
»	Amon........	....	Id.	200
ANCELET.......	Ancelet......	Architecte........	Paris (Seine)..........	490
ANCELET.......	....	Menuisier	Belleville (Oise)........	1,090
»	Ancelet......	....	Id.	520
»	Ancelet......	....	Id.	570
ANDEL.........	Andel.	Serrurier.........	Tremblay (Oise)........	1,008
ANDRIEU.......	Andrieu......	Boulanger........	Fécamp (Seine-Infér.)..	2,500
ANDRIEU.......	Andrieu......	Négociant........	Bordeaux (Gironde)....	2,550
ANDRIEU.......	Andrieu......	Empl. au col. royal.	Toulouse (Haute-Gar.)..	1,000
ANGAR.........	Bourey......	Propriétaire......	Loulans (Haute-Saône)..	500
ANGEL (de St-).	Angel (de St-).	Propriétaire.	Pessac (Gironde).......	21,000
ANGELIN.......	....	Négociant........	Gensac (Gironde)......	7,960
»	Mezange......	....	Id.	3,780
»	Saint - Jean - Lestage.	....	Id.	4,180
ANGEVIN.......	Angevin......	Greffier de paix....	Bar-sur-Aube (Aube)...	500
ANQUETIN......	Anquetin.	Boucher..........	Magny (Seine-et-Oise)..	700
ANSELIN.	Anselin	Fabricant........	Senarpont (Somme).....	200
ANTOINE.......	....	Rentier.	Chepniers (Charente-I.).	550
»	Antoine......	....	Id.	275
»	Antoine......	....	Id.	275
ARADEL........	Aradel.......	Marchand tailleur.	Bordeaux (Gironde).....	270
ARCHAMBEAUD	Archambeaud.	Négociant........	Id.	2,000
ARDOUIN.......	Ardouin......	Chapelier........	Laroche-Challais (Dord.)	100
ARGER.........	....	Instituteur prim..	Marseille (Oise)........	1,500
»	Arger........	....	Id.	500
»	Arger (Mlle)..	....	Id.	1,000

NOMS DES SOUSCRIPTEURS.	NOMS DES ASSURÉS.	PROFESSIONS.	DEMEURES.	Sommes
ARMENAUD....	....	Prop. et adj. au m.	Saint-Loubès (Gironde).	1,000
»	Armenaud....	....	Id.	500
»	Armenaud (Mme).	....	Id.	500
ARNAUD.......	....	Entrepreneur.....	Bouyadisse (Bouc.-du-R.)	900
»	Arnaud......	....	Id.	400
»	Arnaud......	....	Id.	500
ARNAUD.......	....	Maître maçon.....	Camillas (Gironde).....	960
»	Goujon......	....	Id.	420
»	Goujon......	....	Id.	540
ARPENTIGNY (d').	Arpentigny (d')	Cap. au 40e de lig.	Paris (Seine)..........	4,200
ARRACHART...	Arrachart....	Brasseur.........	Albert (Somme)........	150
ASTRUC........	Astruc......	Banquier.........	Bordeaux (Gironde).....	2,000
ATTAGNIANT...	Attagniant....	Négociant........	Amiens (Somme).......	1,000
AUBERT.......	....	March. de papiers.	Paris (Seine)..........	10,605
»	Aubert (Mlle).	....	Id.	5,785
»	Aubert......	....	Id.	4,820
AUBERT.......	Aubert (Mlle).	Charron...	Gournay-en-Bray (Seine-Inférieure).	700
AUBERTIN......	Aubertin (Mlle)	Garde du génie...	Fort-Montessuy (Rhône).	1,000
AUBIN.........	....	Propriétaire......	Paris (Seine)..........	1,000
»	Aubin (Mme)..	....	Id.	500
»	Aubin.......	....	Id.	500
AUBRY.........	Aubry.......	Fabricant........	Orbec (Calvados).......	300
AUBRY.........	....	Propriétaire......	Château-Thierry (Aisne)	8,000
»	Aubry.......	....	Id.	2,000
»	Aubry.......	....	Id.	2,000
»	Aubry.......	....	Id.	2,000
»	Aubry.......	....	Id.	2,000
AUBURTIN.....	Auburtin....	Contr. des contrib. directes.	Neufchâteau (Vosges)...	1,000

NOMS DES SOUSCRIPTEURS.	NOMS DES ASSURÉS.	PROFESSIONS.	DEMEURES.	Sommes
AUFFROY	Auffroy	Chapelier.........	Fécamp (Seine-Infér.)..	5,100
AUGEREAU.....	Augereau.....	Propriétaire	Moulin-Rompu (Gironde)	350
AUGEREAU.....	....	Propriétaire	Id.	710
»	Augereau.....	....	Id.	390
»	Augereau.....	....	Id.	320
AUGIER........	....	Employé des dom..	Bordeaux (Gironde).....	450
»	Augier.......	....	Id.	225
»	Augier (Mlle).	....	Id.	225
AVEZARD (Mme Ve).	....	Rentière.........	Paris (Seine)...........	500
»	Avezard (Mme Ve).	....	Id.	250
»	Avezard	....	Id.	250
AVRIL..........	Avril (Mlle)...	Boulanger........	Bolbec (Seine-Inférieure)	1,000
AVRIL..........	Avril.........	Fabr. de velours...	Saint-Etienne (Loire)...	3,500
AYOSSE	....	Propriétaire	Tuniers (Basses-Alpes)..	300
»	Ayosse (Mlle).	....	Id.	150
»	Ayosse.......	....	Id.	150
BABOUT........	....	Marchand de vins.	Paris (Seine)	5,000
»	Tourneur.....	....	Id.	2,500
»	Tourneur (Mme).	....	Id.	2,500
BACHELIER	....	Notaire	Sillé-le-Guill. (Sarthe)..	2,500
»	Bachelier (Mlle).	....	Id.	500
»	Bachelier.....	....	Id.	500
»	Bachelier.....	....	Id.	500
»	Bachelier (Mme).	....	Id.	500
»	Bachelier.....	....	Id.	500
BAGNARD......	Bagnard (Mlle)	Boucher	Vigny (Seine-et-Oise)...	450
BALLERO	Ballero.......	Vermicellier......	Toulouse (Haute-Gar.)..	500
BALLEN........	....	Rentier	Podinsac (Gironde).....	900

NOMS DES SOUSCRIPTEURS.	NOMS DES ASSURÉS.	PROFESSIONS.	DEMEURES.	Sommes
BALLEN.......	Ballen (Mme).	....	Podinsac (Gironde)....	300
»	Ballen.......	....	Id.	300
»	Flamand.....	....	Id.	300
BALLOCHE......	....	Rentier..........	Wissons (Seine-et-Oise).	1,000
»	Balloche (Mme).	....	Id.	500
»	Balloche.....	....	Id.	500
BANCARD......	Bancard......	Chef de musiq. au 17e léger.	Courbevoie (Seine).....	2,000
BANCE.........	Bance........	Brossier..........	Pierrepont (Oise)......	700
BARATCHART..	Baratchart....	Propriétaire......	Podinsac (Gironde).....	500
BARBARAS......	....	Boulanger........	Strasbourg (Bas-Rhin)..	2,000
»	Brand (Mlle)..	....	Id.	1,000
»	Barbaras.....	....	Id.	1,000
BARBARE......	....	Rentier..........	Fontainebleau (Seine-et-Marne).	500
»	Barbare......	....	Id.	250
»	Barbare......	....	Id.	250
BARBAUD.....	....	Négociant........	Besançon (Doubs)......	6,000
»	Barbaud......	....	Id.	2,000
»	Barbaud (Mlle)	....	Id.	2,000
»	Barbaud......	....	Id.	2,000
BARBIER.......	Barbier (Mlle).	Propriétaire......	Belloy-sur-Somme (Somme).	600
BARBIER.......	Barbier......	Débitant.........	Rethonvillers (Somme).	340
BARBIER.......	Barbier (Mlle).	Propriétaire......	Petit-Fercourt (Oise)....	800
BARBIER.......	....	Fabricant........	Sainte-Geneviève (Oise).	3,514
»	Barbier......	....	Id.	1,834
»	Barbier......	....	Id.	1,680
BARBIER.......	Barbier......	Bourrelier........	Mantes (Seine-et-Oise)..	1,900
BARBIER.......	....	Brossier..........	Sainte-Geneviève (Oise).	2,080
»	Barbier (Mme)	....	Id.	1,040

NOMS DES SOUSCRIPTEURS.	NOMS DES ASSURÉS.	PROFESSIONS.	DEMEURES.	Sommes
BARBIER.......	Barbier......	....	Sainte-Geneviève (Oise).	1,040
BARBIER.......	Barbier......	Fabr. d'éventails.	Id.	1,192
BARBISET......	....	Tabletier.........	Dijon (Côte-d'Or)......	12,000
»	Barbiset (Mme)	....	Id.	4,000
»	Barbiset......	....	Id.	4,000
»	Barbiset......	....	Id.	4,000
BARBOU........	....	Menuisier........	Paris (Seine)..........	1,100
»	Barbou.......	....	Id.	500
»	Barbou (Mme).	....	Id.	600
BARDEZ.	Bardez..	Propriétaire......	Long-Perrier (Seine-et-Marne).	1,500
BARFELL.....	Pêche........	Propriétaire......	Perpignan (Pyrénées-Or.)	1,500
BARIER........	Barier.......	Serrurier.........	Tremblay (Seine-et-Oise)	1,200
BARILLIER.....	....	Menuisier........	Mitry (Seine-et-Marne).	2,250
»	Barillier (Mlle)	....	Id.	1,500
»	Barillier......	....	Id.	750
BARISET.......	....	Propriétaire......	Tremblay (Seine-et-Oise)	3,000
»	Bariset (Mlle).	....	Id.	1,500
»	Bariset (Mlle).	....	Id.	1,500
BARRACHIN....	....	Boulanger........	Metz (Moselle).........	1,000
»	Barrachin....	....	Id.	500
»	Barrachin....	....	Id.	500
BARRAUT......	Barraut......	Mégissier.........	La Roche-Chalais (Dordogne).	200
BARRET........	Barret.......	Horloger.........	Besançon (Doubs)......	1,000
BARROT (Mlle)..	....	Marchande.......	Rive de-Giers (Loire)...	2,000
»	Barrot.......	....	Id.	1,000
»	Barrot.......	....	Id.	1,000
BARRY.........	Barry (Mlle)..	Négociant........	Bordeaux (Gironde)....	1,950
BARTHABURN..	....	Propriétaire......	St-Palais (Basses-Pyrén.).	1,000

NOMS DES SOUSCRIPTEURS.	NOMS DES ASSURÉS.	PROFESSIONS.	DEMEURES.	Sommes
BARTHABURN..	Barthaburn...	....	St-Palais(Basses-Pyrén).	250
»	Barthaburn...	....	Id.	250
»	Barthaburn...	....	Id.	500
BARTHELEMY.	....	Fabricant d'huiles.	Fécamp (Seine-Infér.)..	2,500
»	Barthelemy (Mlle)	....	Id.	1,500
»	Barthelemy...	....	Id.	1,000
BASTIEN.......	Bastien (Mlle).	Garde de bois.....	La Neuville-aux-Tourneurs (Ardennes).	100
BAUCHET.	....	Maître menuisier..	Pas (Pas-de-Calais)....	1,190
»	Bauchet......	....	Id.	490
»	Bauchet......	....	Id.	400
»	Bauchet......	....	Id.	300
BAUDE.........	....	Fabric. de brosses.	Silly (Oise)...........	2,710
»	Baude (Mlle)..	....	Id.	1.330
»	Baude (Mme).	....	Id.	690
»	Baude........	....	Id.	690
BAUDOT	Baudot.......	Lieut. au 17e léger.	Courbevoie (Seine)....	2,000
BAUDIN.	....	Propriétaire	Marseille (B.-du-Rhône)	600
»	Baudin (Mlle).	....	Id.	200
»	Baudin (Mlle).	....	Id.	200
»	Baudin (Mlle).	....	Id.	200
BAUMGARTNER	....	Carrossier........	Paris (Seine)..........	8,000
»	Baumgartner..	....	Id.	4,000
»	Baumgartner (Mme).	....	Id.	4,000
BAYART	....	Propriétaire......	Laucourt (Somme).....	1,905
»	Bayart (Mlle).	....	Id.	600
»	Bayart.......	....	Id.	450
»	Bayart.......	....	Id.	480
»	Bayart.......	....	Id.	375

NOMS DES SOUSCRIPTEURS.	NOMS DES ASSURÉS.	PROFESSIONS.	DEMEURES.	Sommes
BAYLAC........	....	Cafetier..........	Mirambeau (Charente-Infér.).	300
»	Baylac (Mlle).	....	Id.	100
»	Baylac (Mlle).	....	Id.	100
»	Baylac (Mlle).	....	Id.	100
BEAUCAMP.....	....	Meunier.........	Rumigny (Ardennes)...	150
BEAUCERF.....	Beaucerf.....	Epicier..........	Tremblay (Seine-et-Oise)	800
BEAUGER.......	Beauger (Mlle)	Teinturier........	Picquigny (Somme)....	1,800
BEAUGERT.....	....	Rentier..........	Cachy (Somme)........	200
»	Beaugert.....	....	Id.	100
»	Beaugert.....	....	Id.	100
BEAUMONT.....	....	Négociant........	Nemours (Seine-et-M.).	1,625
»	Ferchelet (Mlle).	....	Id.	690
»	Beaumont....	....	Id.	935
BEAUREGARD..	....	Maître blanchiss..	Boulogne (Seine).......	2,482
»	Beauregard...	....	Id.	620
»	Beauregard...	....	Id.	620
»	Beauregard...	....	Id.	1,242
BEAUSSIER.....	Beaussier.....	Rentier..........	Fontenay-St-Père (Seine-et-Oise).	1,818
BEAUVAIS.....	Beauvais......	Menuisier........	Montdidier (Somme)....	750
BECHET........	....	Direct. des messag.	Bernay (Eure)..........	100
»	Bechet.......	....	Id.	50
»	Bechet (Mme).	....	Id.	50
BECKER........	....	Tailleur..........	Paris (Seine)..........	2,000
»	Becker (Mme).	....	Id.	500
»	Becker (Mlle).	....	Id.	500
»	Becker.......	....	Id.	500
»	Becker.......	....	Id.	500
BECKER........	Becker.......	Fabric. de pianos.	Paris (Seine)..........	6,250

NOMS DES SOUSCRIPTEURS.	NOMS DES ASSURÉS.	PROFESSIONS.	DEMEURES.	Sommes
BECKER		Aubergiste	Tekanges (Moselle)	20,250
»	Becker		Id.	4,000
»	Becker (Mlle)		Id.	3,750
»	Becker (Mlle)		Id.	4,500
»	Becker (Mlle)		Id.	4,500
»	Becker		Id.	3,500
BECKER		Tanneur	Metz (Moselle)	9,000
»	Becker		Id.	3,000
»	Becker		Id.	3.000
»	Becker (Mlle)		Id.	3,000
BECQUET	Becquet	Entrepr. de trav. p.	Hibas (Somme)	100
BEGUEY		Propriétaire	St-Loubès (Gironde)	200
»	Garitey (Mlle)		Id.	100
»	Garitey (Mlle)		Id.	100
BEJOUTET	De Combes (Mme)	Avocat	Tarbes (Hautes-Pyrén.)	1,920
BELANGER	Belanger	Propriétaire	Champien (Somme)	1,400
BELIN	Belin	Architecte	Dijon (Côte-d'Or)	1,500
BELLAN		Boulanger	Paris (Seine)	12,784
»	Bellan		Id.	4,400
»	Adam (Mme)		Id.	4,400
»	Bellan (Mlle)		Id.	3,984
BELLAVOINE	Bellavoine	Rentier	Abbeville (Somme)	1,250
BELLE		Marchand tailleur	St-Pierre-de-Chivaine (Isère)	800
»	Belle (Mlle)		Id.	400
»	Belle (Mlle)		Id.	400
BELLENCONTRE		Fileur	Bernay (Eure)	100
»	Bellencontre		Id.	50
»	Bellencontre (Mme)		Id.	50

NOMS DES SOUSCRIPTEURS.	NOMS DES ASSURÉS.	PROFESSIONS.	DEMEURES.	Sommes
BÉNAMOR.......	Bénamor.....	Négociant........	Havre (Seine-Infér.). .	500
BENARD........	....	Propriétaire......	Echenon (Côte-d'Or)....	9,300
»	Benard.......	....	Id.	1,000
»	Benard (Mlle).	....	Id.	1,300
»	Benard (Mlle).	....	Id.	1,500
»	Benard.......	....	Id.	1,700
»	Benard (Mlle).	....	Id.	1,800
»	Benard.......	....	Id.	2,000
BENEZET.......	Benezet (Mlle).	Propriétaire......	Montlouis (Pyrén.-Or.).	1,000
BENOIST-LA-TOUR.	Benoist-La-tour.	Propriétaire......	Orléans (Loiret).......	1,000
BENOIST (Mlle)..	Benoist (Mlle).	Propriétaire......	Mirambeau (Char.-Inf.).	150
BENOIT	Benoît	Imprimeur.......	Amiens (Somme)......	1,000
BENQUEZ.......	Benquez	Avocat...........	Tarbes (H.-Pyrénées)..	3,000
BENSSE........	Bensse.......	Doct. médecin....	Bordeaux (Gironde)....	450
BÉRARD........	Bérard.......	Maître bottier....	St-Marcellin (Isère)....	500
BÉRET	Béret........	Tailleur..........	Paris (Seine)..........	2,000
BÉRET	Béret (Mlle)..	Id.	Id.	2,250
BERGÉ	Bergé........	Rentier..........	Id.	600
BERGER........	Berger.......	Propriétaire......	St-Clair-sur-Galaure (Isère).	400
BERGER........	Berger (Mlle)..	Id.	Ligny-le-Petit (Arden.).	200
BERGERON D'ANGUY	Bergeron D'Anguy.	Receveur-général.	Limoges (H.-Vienne) ..	500
BERLANCOURT.	....	Maréchal ferrant..	Rethonvillers (Somme)..	960
»	Berlancourt (Mlle)..	....	Id.	510
»	Berlancourt ..	....	Id.	450
BERNARD......	....	Cap. au 17e léger..	Courbevoie (Seine).....	3,000
»	Bernard......	....	Id.	1,000
»	Bernard (Mme)	....	Id.	1,000
»	Bernard......	....	Id.	1,000

NOMS DES SOUSCRIPTEURS.	NOMS DES ASSURÉS.	PROFESSIONS.	DEMEURES.	Sommes
BERNARD CHOFFEN	Bernard......	Propriétaire......	Barby près Rethel (Ardennes).	1,000
BERNARD......	Bernard......	Marchand de bois.	Pont-en-Royan (Isère).	450
BERNATET.....	Bernatet (Mlle)	Négociant........	St-Loubès (Gironde)....	5,500
BERNES........	Bernes.......	Infirmier à l'Hôpital Militaire....	Toulouse (H.-Garonne).	1,500
BERNIER.......	Bernier......	Employé.........	Paris (Seine)..........	1,000
»	Bernier......	....	Id.	500
»	Bernier......	....	Id.	500
BEROT.........	....	Conduct. des ponts et chaussées.	Tarbes (Hautes-Pyrén.).	1,300
»	Bérot.......	....	Id.	720
»	Bérot (Mlle)..	....	Id.	640
BERSERON.....	....	Propriétaire......	Paris (Seine)..........	1,000
»	Berseron.....	....	Id.	500
»	Berseron (Mme).	....	Id.	500
BERTHEMET ..	....	Rentier.........	Château-Thierry (Aisne)	1,480
»	Berthemet (Mlle).	....	Id.	860
»	Berthemet (Mlle).	....	Id.	620
BERTAU........	Bertau.......	Compos. de musiq.	Paris (Seine)..........	1,200
BÉRY.........	....	Rentier.........	Senlis (Oise)...........	3,780
»	Béry (Mlle)...	....	Id.	1,960
»	Béry (Mlle)...	....	Id.	1,820
BESANÇON (Mlle)	Besançon.....	Rentière.........	Neufchâteau (Vosges)...	250
BESNIER.......	Besnier......	Boisselier........	Paris (Seine)..........	3,000
BESSAGNET....	Bessagnet (Mlle).	Huissier..........	Mézin (Lot-et-Garonne).	3,000
BESSON........	....	Garde du génie 1re classe..........	Lyon (Rhône)..........	2,000
»	Besson.......	....	Id.	1,000
»	Besson.......	....	Id.	1,000
BEUS..........	Beus.........	Rentier..........	Lyon (Rhône).........	600
BEUVELET.....	Beuvelet.....	Propriétaire......	Ligny-le-Petit (Ardenn.)	100

NOMS DES SOUSCRIPTEURS.	NOMS DES ASSURÉS	PROFESSIONS.	DEMEURES.	Sommes
BEVALOT	Bevalot	Rentier..........	Dôle (Jura)	250
BEZERY..........	....	Maîtresse blanch..	Paris (Seine)..........	1,850
»	Bezery (Mlle).	....	Id.	1,100
»	Bezery (Mlle).	....	Id.	750
BIENFAIT......	Bienfait......	Cultivateur.......	Brognon (Ardennes)....	400
BISCHOFF......	Bischoff......	Peintre.	Paris (Seine)..........	4,435
BISCONS........	Biscons	Teinturier........	Toulouse (H.-Garonne.)	1,000
BISSON.........	Bisson	Fabricant........	Bernay (Eure)...... ..	300
BIZERN.........	Bizern	Cordonnier.......	Paris (Seine)	400
BIZET..........	Bizet.........	Rentier	Beauvais (Oise)........	2,580
BIZET..........	....	Meunier..........	Beauvais (Oise)........	5,730
»	Bizet.........	....	Id.	2,100
»	Bizet (Mlle)..	....	Id.	1,800
»	Bizet........	....	Id.	1,830
BIZOT (Mlle)....	Bizot (Mlle)..	Rentière.........	Dijon (Côte-d'Or)......	1,200
BLADINIÈRES...	....	Contrôleur des contributions direc..	Bordeaux (Gironde)....	12,200
»	Bladinières (Mlle).	....	Id.	2,000
»	Bladinières (Mlle).	....	Id.	2,000
»	Bladinières...	....	Id.	1,500
»	Bladinières...	....	Id.	1.500
»	Bladinières...	....	Id.	1.600
»	Bladinières (Mlle).	....	Id.	1,700
»	Bladinières (Mlle).	....	Id.	1,900
BLADINIÈRES...	....	Négociant........	Bordeaux (Gironde). ..	2,000
»	Bladinières...	....	Id.	1,000
»	Bladinières...	....	Id.	1.000
BLANCHARD	....	Marchand boucher.	Roye (Somme)	1,000
»	Blanchard	....	Id.	500

NOMS DES SOUSCRIPTEURS.	NOMS DES ASSURÉS.	PROFESSIONS.	DEMEURES.	Sommes
BLANCHARD...	Blanchard....	....	Roye (Somme)......	500
BLANCHARD...	....	Marchand de parapluies.	Yvetot (Seine-Inférieure)	400
»	Blanchard....	....	Id.	100
»	Blanchard....	....	Id.	100
»	Blanchard (Mlle).	....	Id.	100
»	Blanchard....	....	Id.	100
BLANCHE......	....	Parfumeur	Paris (Seine)..........	6,000
»	Blanche.....	....	Id.	2,000
»	Blanche......	....	Id.	2,000
»	Blanche (Mme)	....	Id.	2,000
BLANCHÉ	Blanché......	Négociant........	Bordeaux (Gironde)....	825
BLANCHETEAU..	....	Rentier	Noisy-le-Roy (Seine)...	4,400
»	Espaulard....	....	Id.	2,200
»	Espaulard (Mlle).	....	Id.	2,200
BLANDA........	Blanda (Mme)	Buraliste.........	Saint-Loubès (Gironde).	300
BLANQUET	....	Cordonnier.......	Vigny (Seine-et-Oise)...	1,000
»	Blanquet (Mlle).	....	Id.	360
»	Blanquet.....	....	Id.	360
»	Blanquet (Mme).	....	Id.	280
BLÉRY (Mlle)...	Bléry	Rentière	Paris (Seine)..........	500
BLIN	....	Stucateur........	Paris (Seine)	1,400
»	Blin	....	Id.	700
»	Blin (Mme)...	....	Id.	700
BLONDEAU	Blondeau.....	Propriétaire......	Montreuil (Seine)......	1,000
BLONDEL	Blondel	Tailleur..........	Noailles (Oise).........	3,450
BLONDEL	Blondel	Boulanger........	Fécamp (Seine-Infér.)..	1 000
BLONDEL-COCARD.	....	Fabricant	Bolbec (Seine-Inférieure)	9,000
»	Blondel......	....	Id.	3,000

NOMS DES SOUSCRIPTEURS.	NOMS DES ASSURÉS.	PROFESSIONS.	DEMEURES.	Sommes
BLONDEL - COCARD.	Blondel......	....	Bolbec (Seine-Inférieure)	3,000
»	Blondel (Mlle)	....	Id.	3,000
BLONDIN.......	Blondin......	Rentier..........	Airaisnes (Somme).....	150
BLOT..........	....	Charron..........	Noailles (Oise).........	2,620
»	Blot (Mlle)...	....	Id.	835
»	Blot.........	....	Id.	840
»	Blot (Mlle)...	....	Id.	945
BOCQUET.......	Bocquet......	Rentier..........	Tremblay (Seine-et-Oise)	1,000
BOIDIN.........	Boidin (Mlle).	Boulanger........	Amiens (Somme)......	2,200
BOISSEL (Mme Ve).	Boissel (Mme Ve).	Rentière.........	Paris (Seine)..........	2,000
BOIVIN.	Boivin (Mlle)..	Négociant........	Abbeville (Somme).....	300
BOLLÉ-BATON..	....	Marchand de bois.	Boulincourt (Oise)......	2,500
»	Bollé........	....	Id.	500
»	Bollé........	....	Id.	1,500
»	Bollé (Mlle)...	....	Id.	500
BOLLY.........	Bolly........	Cultivateur......	Auquesnoy (Somme)...	200
BOMIO.	Bomio (Mlle)..	Rentier..........	Senlis (Oise)..........	1,000
BONNAUD (Mme)	Bonnaud.....	Rentière.........	Paris (Seine)..........	100
BONNAUD......	Bonnaud.....	Rentier..........	Paris (Seine)..........	500
BONNEAU......	Bonneau.....	Propriétaire......	Gensac (Gironde).......	4,250
BONNEFOUS....	....	Pharmacien.......	Cadillac (Gironde)......	5,400
»	Bonnefous....	....	Id.	3,150
»	Bonnefous....	....	Id.	2,250
BONNEFOUS....	Bonnefous....	Rentier..........	Toulouse (Haute-Garonne).	2,000
BONNET........	Bonnet......	Maître d'escrime..	Paris (Seine)..........	1,800
BONNET........	Bonnet......	Docteur-médecin..	Montpellier (Hérault)...	5,000
BONTEMPS.....	....	Menuisier........	Coutras (Gironde)......	1,800
»	Bontemps....	....	Id.	900

NOMS DES SOUSCRIPTEURS.	NOMS DES ASSURÉS.	PROFESSIONS.	DEMEURES.	Sommes
BONTEMPS....	Bontemps (Mme).	....	Coutras (Gironde)......	900
BONTEMS (Mlle).	Bontems.....	Employée........	Paris (Seine)..........	2,100
BONTEMS......	....	Menuisier........	Montloué (Aisne)......	1,000
»	Bontems.....	....	Id.	500
»	Bontems (Mlle)	....	Id.	500
BONVOISIN.....	Bonvoisin (Mlle).	Boulanger........	Paris (Seine)..........	4,200
BOQUET........	....	Mécanicien.......	Senlis (Oise)..........	3,400
»	Boquet.......	....	Id.	1,720
»	Boquet.......	....	Id.	1,680
BOQUET........	Boquet.......	Maire............	Crillon (Oise)..........	2,000
BORDAIS.......	Bordais (Mlle).	Rentier..........	Lille (Nord)..........	180
BORDEAUX.....	Bordeaux (Mlle)	Rentier..........	Paris (Seine).........	5,420
BORDEREAUX...	Bordereaux...	Propriétaire.......	Brognon (Ardennes)....	240
BORDIER.......	Bordier......	Aubergiste.......	Estissac (Aube).......	500
BORGNET......	Borgnet (Mlle)	Vigneron.........	Saint-Germain-Mont (Ardennes).	320
BORIE.........	Borie........	Marchand drapier.	Monségur (Gironde)....	1,000
BORT-PICAS...	....	Chef de bureau à la mairie.	Perpignan (Pyrénées-Or.)	550
»	Bort (Mlle)...	....	Id.	150
»	Bort (Mlle)...	....	Id.	150
»	Bort.........	....	Id.	250
BOUCHARDON..	Bouchardon (Mlle).	Propriétaire......	Billon (Puy-de-Dôme)..	1,020
BOUCHÉ........	....	Rentier..........	Bordeaux (Gironde)....	5,705
»	Bouché.......	....	Id.	2,475
»	Bouché (Mlle).	....	Id.	3,230
BOUCHER......	....	March. de meubles.	Gonesse (Seine-et-Oise).	2,200
»	Boucher......	....	Id.	1,090
»	Boucher......	....	Id.	1,110
BOUCHEVREAU.	Bouchevreau..	Employé à l'enregistrement	Vallon (Sarthe)........	500

NOMS DES SOUSCRIPTEURS.	NOMS DES ASSURÉS.	PROFESSIONS.	DEMEURES.	Sommes
BOUCHIC.......	Bouchic (Mlle)	Marchand coutelier	Tarbes(Hautes-Pyrénées)	2,000
BOUCHON	....	Parfumeur.........	Paris (Seine)..........	5,500
»	Bouchon......	....	Id.	1,650
»	Bouchon (Mme).	....	Id.	1,650
»	Bouchon(Mlle)	....	Id.	2,200
BOUCHUT......	Bouchut......	Boucher.........	La Bastide (Gironde)...	1,080
BOUDINEAU	Boudineau.. .	Couvreur.........	Villeneuve-St-Georges (Seine-et-Oise).	650
BOUDSOCQ	Boudsocq.....	Boucher..........	Mainbressy (Ardennes)..	400
BOUGUÉ........	Bougué	Laboureur........	Villevêque (Maine-et-L)	600
BOUILLETTE...	Bouillette (Mlle).	March. de chaux..	Marines (Seine-et-Oise).	1,400
BOUINAIS	....	Huissier..........	Rennes (Ille-et-Vilaine).	1,040
»	Bouinais	....	Id.	520
»	Bouinais	....	Id.	520
BOULANGER ...	Boulanger....	Brasseur	Reims (Marne).........	250
BOULANGER ...	....	Fermier..........	La Folie (Moselle)......	5,600
»	Boulanger....	....	Id.	2,100
»	Boulanger....	....	Id.	1,860
»	Boulanger....	....	Id.	800
»	Boulanger....	....	Id.	840
BOULAY........	....	Propriétaire.......	Belleville (Seine).......	4,000
»	Boulay (Mme).	....	Id.	2,000
»	Boulay.......	....	Id.	2,000
BOULET (Mlle)..	Boulet (Mlle).	Rentière..........	Paris (Seine)..........	500
BOULET........	....	Contrôleur princip.	Poitiers (Vienne)......	3,450
»	Dartiguenave .	....	Id.	600
»	Boulet.......	....	Id.	2,850
BOULET........	....	Sellier...........	Chambly (Oise)........	4,402
»	Boulet.......	....	Id.	1,526

NOMS DES SOUSCRIPTEURS.	NOMS DES ASSURÉS.	PROFESSIONS.	DEMEURES.	Sommes
BOULET........	Boulet (Mlle).	....	Chambly (Oise)........	1,355
»	Boulet.......	....	Id.	1,521
BOULIECH........	....	Propriétaire.......	Méze (Hérault)........	2,500
»	Bouliech.....	....	Id.	1,000
»	Bouliech(Mlle)	....	Id.	1,500
BOULLEROT....	Boullerot (Mlle).	Propriétaire......	Gonesse (Seine-et-Oise).	1,500
BOULLET........	....	March. de vaches..	Noailles (Oise).........	1,333
»	Boullet......	....	Id.	745
»	Boullet......	....	Id.	588
BOULLIER......	Boullier......	Notaire..........	Neuville-sur-Saône (Rhône).	1,250
BOULY..........	Bouly........	Rentière..........	Citerne (Somme).......	50
BOUNAUD......	....	Ebéniste..........	Bordeaux (Gironde).....	2,000
»	Bounaud.....	....	Id.	1,000
»	Bounaud.....	....	Id.	1,000
BOUQUIÉ......	....	Rentier..........	Bordeaux (Gironde).....	1,900
»	Bouquié......	....	Id.	1,000
»	Bouquié.....	....	Id.	900
BOURBOIN......	....	Boulanger........	Chambly (Oise)........	13.500
»	Bourboin (Mme).	....	Id.	6.600
»	Bourboin.....	....	Id.	6,900
BOURBONNE ...	Bourbonne...	Notaire..........	Bar-sur-Seine (Aube)...	2,000
BOURDILLIAT..	....	Rentier..........	Paris (Seine)...........	1.000
»	Bourdilliat...	....	Id.	500
»	Bourdilliat (Mlle).	....	Id.	500
BOURDILLIAT-LEBLANC.	....	Marchand de bois.	Paris (Seine)...........	7,500
»	Bourdilliat-Leblanc.	....	Id.	2,000
»	Bourdilliat...	....	d.	1,250
»	Bourdilliat (Mme).	....	Id.	1,250

NOMS DES SOUSCRIPTEURS.	NOMS DES ASSURÉS.	PROFESSIONS.	DEMEURES.	Sommes
BOURDILLIAT-LEBLANC.	Bourdilliat (Mme).	....	Paris (Seine).........	1,500
»	Bourdilliat (Mlle).	....	Id.	1,500
BOURDON......	Bourdon	Ardoisier.......	Rimogne (Ardennes)...	500
BOURDON (Mlle).	....	Maîtresse de pens..	Bolbec (Seine-Inférieure)	3,000
»	Bourdon (Mlle)	....	Id.	2,000
»	Bourdon (Mlle)	....	Id.	1,000
BOURDON.......	....	Aubergiste et prop.	Lancuville-en-Hez (Oise)	500
»	Bourdon	....	Id.	150
»	Bourdon (Mlle)	....	Id.	200
»	Sorel	....	Id.	150
BOURDOT......	....	Négociant.......	Neufchâteau (Vosges)....	3,000
»	Bourdot......	....	Id.	1,000
»	Bourdot......	....	Id.	1,000
»	Bourdot......	....	Id.	1,000
BOURE.........	Mazuc	Direct. de l'hospice.	Montlouis (Pyrénées-O.)	1,050
BOURÉE........	....	Brossier..........	Ponchon (Oise).........	950
»	Bourée.......	....	Id.	300
»	Bourée (Mme).	....	Id.	300
»	Bourée (Mlle).	....	Id.	350
BOUREY.......	Bourey.......	Direct. de la *Publicité commerciale*.	Paris (Seine)...........	900
BOUREY.......	Bourey.......	Propriétaire......	Paris (Seine)...........	900
BOURRÉE......	....	Cordonnier.......	Lisieux (Calvados)......	100
»	Bourrée (Mlle)	....	Id.	50
»	Bourrée......	....	Id.	50
BOURGAIZ (Ve).	Bourgaiz (Mlle)	Rentière	Fécamp (Seine-Infér.)	250
BOURGEOIS	Bourgeois	Marchand épicier..	Beauzée (Meuse)........	200
BOURGEOIS....	....	Aubergiste.......	Tarzy (Ardennes)......	400
»	Bourgeois	....	Id.	240

NOMS DES SOUSCRIPTEURS.	NOMS DES ASSURÉS.	PROFESSIONS.	DEMEURES.	Sommes
BOURGEOIS......	Bourgeois (Mlle).	....	Tarzy (Ardennes)........	160
BOURILLON......	....	Coiffeur........	Belleville (Seine)........	6,000
»	Bourillon (Mme).	....	Id.	3,000
»	Bourillon....	....	Id.	3,000
BOURLIER......	Bourlier	Mécanicien.......	Vaugirard (Seine)......	4,400
BOUSSARD.....	Boussard (Mlle).	Épicier..........	St-Jean-de-l'Osne (Côte-d'Or).	1,500
BOUSSELIN.....	Bousselin (Mme).	Marchand bottier..	Angers (Maine-et-Loire).	150
BOUTEFOY.....	Bizet (Mlle)...	Rentier..........	Vigny (Seine-et-Oise)..	450
BOUTEL........	....	Teinturier.......	Bernay (Eure)..........	1,000
»	Boutel (Mlle).	....	Id.	200
»	Boutel......	....	Id.	200
»	Boutel (Mlle)..	....	Id.	200
»	Boutel (Mme).	....	Id.	200
»	Boutel.......	....	Id.	200
BOUTELLIER...	....	Brossier.........	Ponchon (Oise)........	2,150
»	Boutellier (Mlle).	....	Id.	450
»	Boutellier (Mlle).	....	Id.	700
»	Boutellier (Mme).	....	Id.	500
»	Boutellier....	....	Id.	500
BOUTEREAU....	....	Notaire..........	St-Vivien (Gironde).....	1,000
»	Boutereau (Mlle).	....	Id.	500
»	Boutereau....	....	Id.	500
BOUTRY........	....	Cultivateur.......	Vanchon (Pas-de-Calais)	3,565
»	Boutry (Mlle).	....	Id.	720
»	Boutry.......	....	Id.	715
»	Boutry.......	....	Id.	700
»	Boutry (Mlle)	....	Id.	765
»	Boutry.......	....	Id.	665

NOMS DES SOUSCRIPTEURS.	NOMS DES ASSURÉS.	PROFESSIONS.	DEMEURES.	Sommes
BOUVERET.....	Bouveret (Mme).	Propriétaire......	Besançon (Doubs)......	1,000
BOUVILLE......	Bouville (Mlle)	Marchand épicier..	Barrière Fontainebleau (Seine).	500
BOUVIN........	....	March. de bonneterie.	Troyes (Aube).........	1,600
»	Bouvin.......	....	Id.	800
»	Bouvin.......	....	Id.	800
BOUYER.......	....	Emp. des contr. in.	St-Denis-de-Paul (Charente-Inférieure).	1,000
»	Bouyer (Mlle).	....	Id	500
»	Bouyer (Mlle).	....	Id.	500
BOY...........	....	Ex-garde-général des forêts.	Pontarlier (Doubs).....	1,500
»	Boy (Mlle)...	....	Id.	500
»	Boy (Mlle)...	....	Id.	500
»	Boy (Mlle)...	....	Id.	500
BOZZO.........	Delaunay.....	Marchand bijoutier	Angers (Maine-et-Loire)	650
BRADEL........	....	Tonnelier........	Magny (Seine-et-Oise).	775
»	Bradel.......	....	Id.	450
»	Bradel (Mlle).	....	Id.	325
BRAILLY (Mlle).	Brailly.......	Rentière.........	Paris (Seine)..........	1,000
BRAILLY.......	Brailly.......	Fabric. de meubl.	Beaumont-sur-Oise (Oise).	830
BRAMARD......	Bramard.....	Gendarme........	Craon (Mayenne)......	200
BRANDT.......	Brandt.......	Rentier..........	Neufchâteau (Vosges)..	500
BRANNENS.....	Brannens.....	Notaire..........	Bordeaux (Gironde)....	1,215
BRANS(MmeVe).	....	Rentière.........	Bove (Somme).......	1,520
»	Braux.......	....	Id.	560
»	Braux.......	....	Id.	480
»	Braux (Mlle)..	....	Id.	480
BRÉARD.......	....	Graveur sur bois.	Bolbec (Seine-Infér.)..	1,000
»	Bréard (Mlle).	....	Id.	500
»	Bréard.......	....	Id.	500

NOMS DES SOUSCRIPTEURS.	NOMS DES ASSURÉS.	PROFESSIONS.	DEMEURES.	Sommes
BREMARD.......	Bremard (Mlle)	Cultivateur.......	Thiescourt (Oise)......	1,980
BREMONT......	Bremont......	Rentier.........	Marseille (B.-du-Rhône).	400
BRET..........	Bret.........	Rentier.........	St-Marcellin (Isère)....	800
BREULEUX.....	Breuleux (Mme).	Négociant........	Montbéliard (Doubs)...	1,000
BRÉVIAIRE.....	....	Marchand de bois.	Beauvais (Oise)........	2,640
»	Bréviaire (Mme).	....	Id.	1,320
»	Bréviaire.....	....	Id.	1,320
BRIANT (Mme Ve).	Briant (Mlle).	Rentière.........	Regny (Aube).........	970
BRIFFART.....	....	Propriétaire......	Belleville (Seine)......	1,080
»	Briffart......	....	Id.	500
»	Regnier......	....	Id.	500
BRIGION (Mlle).	....	Employée........	Paris (Seine).........	2,000
»	Brigion......	....	Id.	1,000
»	Brigion......	....	Id.	1,000
BRILLE née BRUNE (Mme).	Brille née Brune.	Rentière.........	Marseille (Oise).......	1,000
BRILLOUET....	Brillouet.....	Cafetier..........	Angers (Maine-et-Loire)	500
BRINDEJONC...	Brindejonc...	Avoué..........	Rennes (Ille-et-Vilaine).	4,000
BRISSON.......	....	Rentier..........	Paris (Seine)..........	1,000
»	Brisson (Mme).	....	Id.	500
»	Brisson......	....	Id.	500
BRIZARD.......	....	Propriétaire......	St-Gervais (Isère)......	570
»	Brizard......	....	Id.	360
»	Brizard......	....	Id.	210
BROSSARD.....	Brossard (Mlle)	Teneur de livres..	Rive-de-Gier (Loire)...	2,500
BROU..........	Brou.........	Serrurier.........	Paris (Seine)..........	4,800
BROUST........	....	Marchand tailleur.	Abbeville (Somme).....	600
»	Broust.......	....	Id.	200
»	Broust (Mlle).	....	Id.	200

NOMS DES SOUSCRIPTEURS.	NOMS DES ASSURÉS.	PROFESSIONS.	DEMEURES.	Sommes
BROUST........	Broust (Mlle).	....	Abbeville (Somme)......	200
BRUGNEROT ...	Brugnerot.....	Aubergiste......	Troyes (Aube)........	800
BRUN	....	Négociant	Paris (Seine)...........	1,650
»	Chardon(Mme)	....	Id.	550
»	Chardon (Mlle)	....	Id.	550
»	Chardon (Mlle)	....	Id.	550
BRUNAT	....	Propriétaire......	Charmes (Drôme)......	500
»	Brunat.......	....	Id.	200
»	Brunat.......	....	Id.	300
BRUNEL........	....	Propriétaire	Montbrison (Loire)	1,950
»	Brunel (Mlle).	....	Id.	950
»	Brunel.......	....	Id.	1,000
BRUNET	....	Boulanger........	Mouy (Oise)...........	1,500
»	Brunet (Mlle).	....	Id.	500
»	Brunet.......	....	Id.	500
»	Brunet (Mlle).	....	Id.	500
BRUNIN	....	Marchand mercier.	Paris (Seine)	1,625
»	Brunin	....	Id.	800
»	Brunin	....	Id.	825
BRUNOD aîné...	Brunod	Menuisier	Rouvray (Aisne)........	190
BRUYANT.......	....	Marchand épicier..	Paris (Seine)	12,000
»	Bruyant......	....	Id.	6,000
»	Bruyant......	....	Id.	6,000
BUCHÉ	Buché........	Négociant........	Langon (Gironde).......	585
BUCHER........	....	Marchand épicier..	Bordeaux (Gironde).....	1,080
»	Bucher.......	....	Id.	270
»	Bucher (Mlle).	....	Id.	810
BUFFAITRILLE.	Buffaitrille (Mlle).	Maître d'hôtel ...	Autun (Saône-et-Loire).	1,050

NOMS DES SOUSCRIPTEURS.	NOMS DES ASSURÉS.	PROFESSIONS.	DEMEURES.	Sommes
BUGNON........	....	Négociant........	Albert (Somme)........	2,500
»	Bugnon (Mlle)	....	Id.	500
»	Bugnon......	....	Id.	500
»	Bugnon......	....	Id.	500
»	Bugnon......	....	Id.	500
»	Bugnon (Mme)	....	Id.	500
BUIT (DU)......	....	Négociant........	Mulhouse (Haut-Rhin).	1,500
»	Du Buit......	....	Id.	750
»	Du Buit......	....	Id.	750
BULLIER.......	....	Menuisier........	Paris (Seine)..........	700
»	Bullier.......	....	Id.	100
»	Bullier (Mlle).	....	Id.	100
»	Bullier (Mlle).	....	Id.	200
»	Bullier.......	....	Id.	200
»	Bullier (Mlle).	....	Id.	100
BUQUET.......	Buquet......	Curé desservant...	Etalon (Somme)........	1,500
BURDET........	Burdet (Mlle).	Marchand drapier.	Maubert-Fontaine (Ardennes).	500
BURON.........	....	Négociant........	Tarbes (Hautes-Pyrén.).	1,400
»	Bisson.......	....	Id.	800
»	Bisson.......	....	Id.	600
BUSCAIL.......	Buscail......	Lieut. au 15e léger.	Prades (Pyrénées-Or.)..	500
BUSCHETTO....	....	Fab. de vermicelle.	Toulouse (Haute-Gar.)..	6,000
»	Buschetto....	....	Id.	2,000
»	Buschetto....	....	Id.	2,000
»	Buschetto (Mlle).	....	Id.	2,000
BUSQUET.......	Busquet......	Négociant........	Paris (Seine)..........	5,000
CABANE........	....	Négociant........	Guitres (Gironde)......	900
»	Cabane.......	....	Id.	450

NOMS DES SOUSCRIPTEURS.	NOMS DES ASSURÉS.	PROFESSIONS.	DEMEURES.	Sommes
CABANE........	Cabane (Mme)	....	Guitres (Gironde).......	450
CAILLEAU......	....	Boisselier	Les Rosiers (Maine-et-Loire).	400
»	Cailleau......	....	Id.	200
»	Cailleau(Mme)	....	Id.	200
CAILLEZ.......	....	Huissier.........	Albert (Somme)........	1,000
»	Caillez (Mme).	....	Id.	500
»	Caillez (Mlle).	....	Id.	500
CAISSELIER	Caisselier (Mlle).	Propriétaire	Bordeaux (Gironde).. ..	1,045
CALIN.........	....	Horloger	Autun (Saône-et-Loire).	850
»	Calin	....	Id.	500
»	Calin	....	Id.	350
CALIPPE	....	Rentier	Forceville (Somme).....	340
»	Calippe	....	Id.	120
»	Calippe	....	Id.	220
CALLEBAUT....	Callebaut.....	Marchand tailleur.	Paris (Seine)...........	600
CALPIN (Mlle)...	Calpin (Mlle)..	Rentière	Château-Thierry (Aisne).	1,000
CAMARET......	....	Peintre	Paris (Seine)...........	3,200
»	Camaret (Mlle)	....	Id.	1,600
»	Camaret......	....	Id.	1,600
CAMPANAUD...	Campanaud...	Epicier...........	Perpignan(Pyrénées-Or.)	360
CAMUS	Camus (Mlle)..	Rentier	Montloué (Aisne).......	1,000
CAMUS	....	Maire............	Herpy (Ardennes)......	360
»	Gallet (Mlle)..	....	Id.	160
»	Boucher (Mlle)	....	Id.	200
CAMUS	....	Rentier	Château-Thierry (Aisne)	2,000
»	Camus........	....	Id.	1,000
»	Camus........	....	Id.	1,000
CAMUS	....	Rentier	Château-Thierry (Aisne)	6,430

NOMS DES SOUSCRIPTEURS.	NOMS DES ASSURÉS.	PROFESSIONS.	DEMEURES.	Sommes
CAMUS.........	Camus	....	Château-Thierry (Aisne)	1,600
»	Camus	....	Id.	1,610
»	Camus	....	Id.	1,610
»	Camus	....	Id.	1,610
CAMUS-COQUET	....	Marchand de bois..	Lagny-lès-Chaumont (Ardennes).	1,000
»	Camus (Mlle).	....	Id.	500
»	Camus-Coquet	....	Id.	500
CAMUSET	....	Poêlier-fumiste...	Paris (Seine)..........	4,125
»	Camuset (Mme).	....	Id.	1,925
»	Camuset......	....	Id.	2,200
CAMUSET.......	....	Entrepreneur de serrurerie.	Paris (Seine)..........	4,125
»	Camuset (Mme).	....	Id.	1,375
»	Camuset......	....	Id.	1,375
»	Camuset	....	Id.	1,375
CANDELLIER...	Candellier....	Propriétaire	Lucheux (Somme)......	300
CANQUERY......	Canquery	Peintre............	Estissac (Aube)........	300
CANTEL........	Cantel	Fileur............	Bernay (Eure)..........	150
CANTREL	Cantrel	Aubergiste	Blainville (Oise)........	3,450
CAPDEVIELLE..	....	Rentier...........	Arcezac-Adour (Hautes-Pyrénées).	1,020
»	Capdevielle...	....	Id.	1,120
»	Capdevielle...	....	Id.	800
CAPELLA.......	Capella.......	Marchand vannier.	Toulouse (Haute-Gar.)..	200
CAPELLE.......	....	Marchand tanneur.	Marseille (Oise)........	1,750
»	Capelle.......	....	Id.	850
»	Capelle (Mlle).	....	Id.	900
CAPPOT (DE)...	....	Propriétaire	Lyon (Rhône).........	3,000
»	Cappot (de)...	....	Id	750
»	Cappot (Mme de).	....	Id.	750

NOMS DES SOUSCRIPTEURS.	NOMS DES ASSURÉS.	PROFESSIONS.	DEMEURES.	Sommes
CAPPOT (DE)...	Cappot (de)...	....	Lyon (Rhône)..........	750
»	Cappot (de)...	....	Id.	750
CAPPRONNIR...	....	Instituteur........	Chevilly	2,000
»	Cappronnir...	....	Id.	1,000
»	Cappronnir (Mme).	....	Id.	1,000
CARBONNIER...	....	Horloger.........	Beauvais (Oise).........	1,200
»	Carbonnier (Mme).	....	Id.	300
»	Carbonnier (Mlle).	....	Id.	300
»	Carbonnier (Mlle).	....	Id.	300
»	Carbonnier...	....	Id.	300
CARDIN........	Cardin.......	Propriétaire	Angers (Maine-et-Loire).	5,600
CARETTE......	Carette (Mlle).	Fabricant de bas..	Gontelles (Somme).....	900
CARLIER.......	....	Propriétaire......	Montloué (Aisne).......	2,000
»	Carlier (Mlle).	....	Id.	1,000
»	Carlier......	....	Id.	1,000
CARON.........	....	Propriétaire	Verpillière (Somme)....	500
»	Caron........	....	Id.	250
»	Caron........	....	Id.	250
CARON.........	....	Plaqueur.........	Paris (Seine)..........	3,950
»	Caron........	....	Id.	1,000
»	Caron (Mme)..	....	Id.	1,000
»	Caron........	....	Id.	1,950
CARON.........	....	Tanneur	Bolbec (Seine-Infér.)...	4,000
»	Caron........	....	Id.	500
»	Caron (Mlle)..	....	Id.	500
»	Caron........	....	Id.	750
»	Caron........	....	Id.	500
»	Caron (Mlle)..	....	Id.	250

NOMS DES SOUSCRIPTEURS.	NOMS DES ASSURÉS.	PROFESSIONS.	DEMEURES.	Sommes
CARON.........	Caron (Mlle)..	....	Id.	1,000
»	Caron........	....	Id.	500
CARON.........	....	Cordonnier.......	Paris (Seine)..........	580
»	Caron........	....	Id.	280
»	Caron (Mlle)..	....	Id.	300
CARPENTIER...	....	Chef de cuisine à l'hôtel du Comm.	Abbeville (Somme).....	1,950
»	Carpentier....	....	Id.	1,450
»	Carpentier....	....	Id.	500
CARPENTIER...	Guérin.......	Rentier..........	Bonnière (Pas-de-Calais)	300
CARRÉ (Mlle)..	Carré (Mlle)..	Rentière.........	Bernay (Eure).........	100
CARRIER.......	Carrier.......	Libraire.........	Thernes (Seine)........	100
CARRIÈRE.....	....	Maréchal ferrant..	St-Usage (Côte-d'Or)...	400
»	Carrière......	....	Id.	150
»	Carrière......	....	Id.	250
CARRON.......	Carron.......	Officier comptable.	Lyon (Rhône)..........	750
CARRON (Mme).	Carron (Mme).	Rentière.........	Lyon (Rhône)..........	1,000
CARRON.......	....	Faïencier........	Bourg-la-Reine (Seine).	1,000
»	Carron (Mme).	....	Id.	500
»	Carron.......	....	Id.	500
CARTA.........	....	Négociant........	Paris (Seine)..........	3,000
»	Carta........	....	Id.	500
»	Ladurelle(Ve).	....	Id.	500
»	Carta (Mlle)..	....	Id.	500
»	Carta Mlle)...	....	Id.	500
»	Carta (Mlle)..	....	Id.	500
»	Carta........	....	Id.	500
CASENAVE.....	Casenave.....	Instit. communal.	Cenon-la-Bastide (Gir.).	1,620
CASTAIGNE.....	....	Propriétaire......	Bolbec (Seine-Infér.)...	9,000

NOMS DES SOUSCRIPTEURS.	NOMS DES ASSURÉS	PROFESSIONS.	DEMEURES.	Sommes
CASTAIGNE.....	Graindor.....	....	Bolbec (Seine-Infér.)...	3,000
»	Graindor.....	....	Id.	3,000
»	Graindor.....	....	Id.	3,000
CASTANET	Tricochet (Mlle).	Négociant	Ste-Foy (Gironde)......	2,755
CASTÉJA	Castéja.......	Notaire	Bordeaux (Gironde)....	1,800
CATEL	....	Farinier..........	Bolbec (Seine-Infér.)...	3,000
»	Catel (Mlle)..	....	Id.	1,500
»	Catel	....	Id.	1,500
CATON (Mlle)...	Caton (Mlle)..	Rentière.........	Toulouse (Haute-Gar.)..	500
CAULIER	Caulier.......	Propriétaire.	Hautbourdin (Nord)....	180
CAUWENBERG..	....	Ebéniste	Paris (Seine)...........	1,000
»	Cauwenberg..	....	Id.	500
»	Cauwenberg..	....	Id.	500
CAVENEL.......	Cavenel (Mlle).	Propriétaire	Carrépuits (Somme)....	1,600
CAVILLIER.....	Cavillier.....	Propriétaire	Champiez (Somme).....	800
CAVREL........	....	Profess. de musiq.	Beauvais (Oise)..	600
»	Cavrel	....	Id.	300
»	Cavrel (Mme).	....	Id.	300
CAYE....	....	Boulanger........	Metz (Moselle.)........	3,040
»	Caye.........	....	Id.	2,000
»	Caye (Mlle)...	....	Id.	1,040
CAYEUX.......	....	Layetier.........	Paris (Seine)	2,250
»	Cayeux.......	....	Id.	125
»	Cayeux (Mme).	....	Id.	125
»	Cayeux.......	....	Id.	1,000
»	Cayeux (Mme).	....	Id.	1,000
CAZAUX........	Cazaux.......	Négociant........	Tarbes (Hautes-Pyrén.).	500
CERISIER.......	Cerisier	Boulanger........	Troyes (Aube).........	1,120

NOMS DES SOUSCRIPTEURS.	NOMS DES ASSURÉS.	PROFESSIONS.	DEMEURES.	Sommes
CERLET-BLANQUIN.	....	Rentier.........	Reims (Marne).........	1,020
»	Cerlet (Mlle)..	....	Id.	670
»	Cerlet (Mlle)..	....	Id.	350
CESLOS (Mme)..	....	Rentière.........	Paris (Seine)..........	400
»	Ceslos.......	....	Id.	100
»	Ceslos (Mlle)..	....	Id.	100
»	Ceslos (Mme).	....	Id.	200
CHABRELY.....	Chabrely.....	Médecin.........	Cenon-la-Bastide (Gir.).	650
CHAILLET......	Chaillet......	Propriétaire......	Dijon (Côte-d'Or)......	750
CHAMBOLLE...	....	Tailleur.........	Paris (Seine)..........	750
»	Chambolle....	....	Id.	125
»	Coulon-Chambolle (Mme).	....	Id.	125
»	Chambolle...	....	Id.	250
»	Coulon-Chambolle (Mme).	....	Id.	250
CHAMPAGNE (Mlle).	Champagne...	Rentière........	Brognon (Ardennes)....	120
CHAMPAGNE...	....	Propriétaire......	Brognon (Ardennes)....	160
»	Champagne (Mlle).	....	Id.	80
»	Champagne (Mlle).	....	Id.	80
CHAMPENOIS...	....	Mouleur en sable..	Neuville-aux-Jontes (Ardennes).	460
»	Champenois..	....	Id.	210
»	Champenois..	....	Id.	250
CHAMPIER......	Champier.....	Vicaire...........	St-Genis (Loire)........	250
CHAMPION.....	....	Docteur médecin..	Bar-le-Duc (Meuse)....	800
»	Dumesnil....	....	Id.	200
»	Lecomte.....	....	Id.	200
»	Dumesnil (Mlle).	....	Id.	200
»	Dumesnil (Mlle).	....	Id.	200
CHAMPION......	Champion....	Propriétaire......	Bordeaux (Gironde)....	3,420

NOMS DES SOUSCRIPTEURS.	NOMS DES ASSURÉS.	PROFESSIONS.	DEMEURES.	Sommes
CHAMPION	Champion.....	Forgeron.........	Brognon (Ardennes)....	250
CHAPEAU	....	Docteur médecin..	Lyon (Rhône).........	3,080
»	Chapeau	....	Id.	880
»	Chapeau(Mlle)	....	Id.	2,200
CHARLENDIE...	Charlendie ...	Charpentier.......	Villeneuve-le-Roi (Seine-et-Oise).	300
CHARLES aîné..	....	Propriétaire......	Barby (Ardennes)......	1,000
»	Charles	....	Id.	300
»	Charles	....	Id.	300
»	Charles.	....	Id.	400
CHARLES.......	....	Rentier.	Château-Thierry (Aisne)	5,000
»	Charles	....	Id.	2,000
»	Fouquet......	....	Id.	2,000
»	Charles	....	Id.	1,000
CHARLES	Charles	Vérif. des domain.	Tarbes (H.-Pyrénées)..	3,500
CHARLIER	Charlier (Mlle)	Cultivateur.......	Laneuville-aux-Tourneurs (Ardennes).	510
CHARPANTIER .	Charpantier (Mlle).	Banquier.........	Bordeaux (Gironde).....	5,605
CHARPENTIER .	....	Marchand de vins.	Paris (Seine)..........	2,400
»	Charpentier ..	....	Id.	1,200
»	Charpentier (Mme).	....	Id.	1,200
CHARPENTIER .	....	Bijoutier	Paris (Seine)...........	240
»	Charpentier ..	....	Id.	120
»	Charpentier (Mme).	....	Id.	120
CHARRIAUT....	....	Huissier..........	Begay (Gironde).......	2,000
»	Charriaut (Mme).	....	Id.	1,000
»	Charriaut.....	....	Id.	1,000
CHARTIER	Beauvalet	Propriétaire	Paris (Seine)..........	1,000
CHARTIER	....	Épicier	Choisy-le-Roi (Seine)...	3,200
»	Chartier......	....	Id.	800

NOMS DES SOUSCRIPTEURS.	NOMS DES ASSURÉS.	PROFESSIONS.	DEMEURES.	Sommes
CHARTIER	Chartier......	....	Choisy-le-Roi (Seine)...	900
»	Chartier......	....	Id.	750
»	Chartier(Mme)	....	Id.	750
CHARTIER	Chartier......	Charron..........	Mitry (Seine-et-Marne)..	1,000
CHARTIER	Chartier......	Propriétaire.......	Montmartre (Seine).....	8,250
CHARTIER	Chartier (Mlle)	Charron..........	Mesnil-Amelot (Seine-et-Marne).	1,000
CHARTON.......	....	Propriétaire	Montreuil (Seine-et-O.).	2,140
»	Charton	....	Id.	1,070
»	Charton (Mme)	....	Id.	1,070
CHATARD......	Chatard......	Tailleur..........	Libourne............	2,100
CHATELAIN....	....	Négociant........	Lyon (Rhône).........	2,620
»	Chatelain.....	....	Id.	1,190
»	Chatelain (Mlle).	....	Id.	1,430
CHATELAIN....	Chatelain.....	Propriétaire	Fournes (Nord)........	1,800
CHATILLON	....	Bijoutier.........	Paris (Seine).........	5,440
»	Chatillon.....	....	Id.	2,720
»	Chatillon (Mme).	....	Id.	2,720
CHATINEL......	Chatinel......	Bottier...........	Bordeaux (Gironde)....	2,320
CHAUDIÈRE.....	....	Ferblantier.......	Seraincourt (Ardennes).	700
»	Chaudière.....	....	Id.	340
»	Choudière....	....	Id.	360
CHAUFFOUR-RIER.	Chauffourrier.	Rentier..........	Isles-lès-Villenoy (Seine-et-Marne).	375
CHAUMUSARD...	....	Meunier..........	Mitry (Seine-et-Marne)..	3,000
»	Chaumusard (Mlle).	....	Id.	1,000
»	Chaumusard (Mlle).	....	Id.	1,000
»	Chaumusard (Mlle).	....	Id.	1,000
CHAUVEL	....	Rentier..........	Bernay (Eure).........	200
»	Toutenel (Mme).	....	Id.	100

NOMS DES SOUSCRIPTEURS.	NOMS DES ASSURÉS.	PROFESSIONS.	DEMEURES.	Sommes
CHAUVEL	Chauvel......	....	Bernay (Eure)........	100
CHAUVEL.......	Chauvel......	Rentière	Paris (Seine)..........	500
CHAUVIN.......	Chauvin (Mlle)	Cultivateur.......	Gaudreville (Eure).....	750
CHELLE	Chelle	Chef d'institution.	Toulouse (Haute-Gar.)..	2,000
CHELLÉ	Chellé (Mlle)..	Instituteur........	Tilloloy (Somme)......	1,500
CHÉRON........	Chéron.......	Épicier...........	Orbec (Calvados).......	400
CHÉRON (Mlle)..	Chéron (Mlle).	Rentière	Neufchâteau (Vosges)...	1,000
CHÉRON........	....	Peintre...........	Bourg-la-Reine (Seine).	500
»	Chéron	....	Id.	250
»	Chéron (Mme).	....	Id.	250
CHERPI (Mme)..	Cherpi (Mme).	Limonadière......	Angers (Maine-et-Loire)	500
CHESNAY.......	Chesnay.......	Tourneur.........	Magny (Seine-et-Oise)..	1,500
CHEURLIN......	Cheurlin	Avoué et juge suppléant.	Bar-sur-Seine (Aube)...	1,000
CHEVAILLIER ..	Chevaillier (Mlle).	Limonadier.......	Marines (Seine-et-Oise).	600
CHEVAILLIER ..	....	Propriétaire	Montreuil (Seine)......	4,760
»	Chevaillier ...	....	Id.	880
»	Chevaillier....	....	Id.	880
CHEVANCE......	Chevance......	Coutelier.........	Breteuil (Oise).	150
CHEVANCE......	....	Bottier...........	Dammartin (Seine-et-M.)	1,465
»	Chevance.....	....	Id.	750
»	Chevance (Mlle).	....	Id.	715
CHEVRIER......	Chevrier	Propriétaire......	Paris (Seine)	1,000
CHEYÈRE	....	Cultivateur.......	Rozoy-sur-Seine (Aisne)	2,200
»	Cheyère (Mlle)	....	Id.	700
»	Cheyère......	....	Id.	720
»	Cheyère (Mlle)	....	Id.	780
CHICANAUX	Chicanaux.....	Instituteur.......	Trampot (Vosges)......	200
CHIPOT	....	Ebéniste	Paris (Seine)..........	750

NOMS DES SOUSCRIPTEURS.	NOMS DES ASSURÉS.	PROFESSIONS.	DEMEURES.	Sommes
CHIPOT........	Chipot (Mme).	....	Paris (Seine)...........	375
»	Chipot.......	....	Id.	375
CHIRAT (Mlle)..	Chirat (Mlle).	Rentière.........	Rive-de-Gier (Loire)...	1,200
CHOCONIN......	Choconin.....	Menuisier........	Mitry (Seine-et-Marne).	1,000
CHOISNEL......	....	Marchand papetier.	Paris (Seine).........	4,000
»	Choisnel (Mlle)	....	Id.	1,000
»	Choisnel (Mlle)	....	Id.	1,000
»	Choisnel.....	....	Id.	1,000
»	Choisnel.....	....	Id.	1,000
CHOISY-CHARLIER.	....	Cultivateur.......	Justine (Ardennes).....	2,720
»	Choisy.......	....	Id.	1,440
»	Choisy (Mlle).	....	Id.	1,280
CHOLET........	....	Meunier..........	Roman (Drôme).......	400
»	Cholet (Mlle).	....	Id.	200
»	Cholet (Mlle).	....	Id.	200
CHRÉTIEN......	Chrétien (Mlle)	Cultivateur.......	Gouvieux (Aube).......	650
CHRÉTIEN......	....	Fabricant de bas..	Écalelet (Oise).........	900
»	Chrétien (Mlle)	....	Id.	450
»	Chrétien (Mlle)	....	Id.	450
CHRÉTIN......	....	Propriétaire......	Meulon (Seine-et-Oise).	3,000
»	Chrétin......	....	Id.	1,000
»	Chrétin......	....	Id.	1,000
»	Chrétin (Mme)	....	Id.	1,000
CHRISTMANN...	Christmann..	Cordonnier.......	Ligny (Meuse).........	200
CLAIRET.......	....	Cultivateur......	Échenon (Côte-d'Or)...	900
»	Clairet.......	....	Id.	240
»	Clairet.......	....	Id.	300
»	Clairet.......	....	Id.	360

NOMS DES SOUSCRIPTEURS.	NOMS DES ASSURÉS.	PROFESSIONS.	DEMEURES.	Sommes
CLAIRE	....	Meunier..........	Herpy (Ardennes.......	1,800
»	Claire (Mlle)..	....	Id.	600
»	Claire........	....	Id.	540
»	Claire (Mlle)..	....	Id.	360
»	Claire (Mlle)..	....	Id.	300
CLAMART......	Clamart......	Propriétaire......	Laneuville (Ardennes)..	280
CLANCHET.....	....	Marchand tailleur.	Senlis (Oise)...........	2,600
»	Clanchet(Mme)	....	Id.	1,300
»	Clanchet.....	....	Id.	1,300
CLAPPIER......	Clappier......	Rentier..........	Marseille (B.-du-Rhône)	500
CLAUDE........	....	Fabric. de cartons.	Paris (Seine)..........	3,000
»	Claude.......	....	Id.	1,500
»	Claude (Mme).	....	Id.	1,500
CLAVEAU.......	....	Jaugeur à l'octroi de Paris.	Paris (Seine)..........	2,425
»	Claveau......	....	Id.	1,195
»	Claveau(Mme)	....	Id.	615
»	Claveau (Mme)	....	Id.	615
CLAVIGNY......	Clavigny.....	Charron..........	Longperrier(Seine-et-M.)	750
CLEMANCEAU..	....	Marchand tailleur.	Contras (Gironde)......	360
»	Clemanceau ..	....	Id.	180
»	Clemanceau ..	....	Id.	180
CLÉMENT......	Brondel (Mlle)	Patron, sur Saône.	St-Jean-de-Losne (Côte-d'Or.	800
CLÉMENT.......	....	Propriétaire......	Bobigny (Seine).......	4,955
»	Clément......	....	Id.	525
»	Clément......	....	Id.	1,650
»	Clément......	....	Id.	2,255
»	Clément......	....	Id.	525
CLEMOT........	Clemot.......	Comptable à la fonderie royale....	St-Gervais (Isère)......	2,000

NOMS DES SOUSCRIPTEURS.	NOMS DES ASSURÉS.	PROFESSIONS.	DEMEURES.	Sommes
CLER (Mlle)....	Cler (Mlle)...	Rentière	Dijon (Côte-d'Or)......	750
CLEUET........	Cleuet........	Propriétaire	Solente (Oise).........	1,200
CLEUET........	....	Propriétaire	Buillancourt (Somme)...	2,400
»	Cleuet	....	Id.	1,200
»	Cleuet (Mlle)..	....	Id.	1,200
COCHART.......	Cochart (Mlle).	Percept. des contr.	Marines (Seine-et-Oise).	1,700
COCHON........	Cochon.......	Cultivateur.......	Harmogue (Ardennes)..	1,800
COCHON........	....	Cultivateur.......	Seraincourt (Ardennes).	930
»	Cochon.......	....	Id.	390
»	Cochon	....	Id.	540
COCU-COCU	Cocu.........	Propriétaire.......	Bray (Ardennes).......	3,000
COEPLET.......	....	Fabric. de brosses.	Ste-Geneviève (Oise)....	3,064
»	Coëplet (Mme)	....	Id.	1,035
»	Coëplet (Mlle)	....	Id.	994
»	Coëplet	....	Id.	1,035
COFFART......	Coffart.	Propriétaire	Brognon (Ardennes)....	420
COFFART......	Coffart.......	Voiturier.........	Ligny-le-Petit (Arden.).	100
COIFFART (Mlle)	Coiffart (Mlle)	Rentière..........	La Grave (Gironde)....	200
COILLOT.......	Coillot.......	Marchand tailleur.	Trouhans (Côte-d'Or)...	500
COILLY........	....	Charron..........	Rethel (Ardennes).....	1,460
»	Coilly........	....	Id.	520
»	Coilly (Mlle)..	....	Id.	500
»	Coilly........	....	Id.	440
COISSIEUX......	....	Propriétaire	Grandeserre (Drôme)...	900
»	Coissieux.....	....	Id.	240
»	Coissieux.....	....	Id.	300
»	Coissieux (Mlle).	....	Id.	360
COLIN..........	....	Tourneur mécanic.	Paris (Seine)..........	948

NOMS DES SOUSCRIPTEURS.	NOMS DES ASSURÉS.	PROFESSIONS.	DEMEURES.	Sommes
COLIN.........	Colin (Mlle)..	....	Paris (Seine)..........	316
»	Colin (Mme)..	....	Id.	316
»	Colin	....	Id.	316
COLIN..........	Colin (Mlle)...	Négociant........	Metz (Moselle).........	760
COLIN..........	....	Pharmacien	St-Jean-de-Losne (Côte-d'Or).	2,000
»	Colin	....	Id.	1,000
»	Colin (Mlle)..	....	Id.	1,000
COLLE	Colle	Marchand de porcs.	Grand-Frenoy (Oise)...	500
COLLEATE	Colleatte (Mlle).	Instituteur........	Albert (Somme)........	700
COLLET........	....	Maréchal ferrant..	Seraincourt (Ardennes).	1,100
»	Collet (Mlle).	....	Id.	500
»	Collet........	....	Id.	600
COLLET........	Collet........	Propriétaire	Brognon (Ardennes)....	100
COLLET........	Collet........	Marchand de vins..	Louvres (Seine-et-Oise).	850
COLLIEZ (Ve)...	Colliez (Ve)..	Sage-femme......	Mirambeau (Char.-Inf.).	100
COLLIGNON-CANARD.	....	Pharmacien.......	Rethel (Ardennes).....	7,200
»	Collignon (Mlle).	....	Id.	3,600
»	Collignon (Mlle).	....	Id.	3,600
COLOGNE.......	Cologne......	Peintre	Mitry (Seine-et-Marne).	1,800
COMBES (DE)..	Combes (de)..	Contrôleur des contributions direc..	Tarbes (Hautes-Pyrénées)	1,000
COMMINET.....	Comminet....	Négociant	Roye (Somme)	1,800
CONARD	Conard (Mlle).	Marchand épicier.	Orbec (Calvados)......	300
CONDAMIN	Condamin (Mlle).	Marchand tailleur.	Rive-de-Gier (Rhône)..	1,000
CONORT........	Conort.......	Teinturier........	Paris (Seine)	600
COQUILLARD...	....	Négociant........	Albert (Somme).......	800
»	Coquillard....	....	Id.	400
»	Coquillard....	....	Id.	400
CORDIER.......	....	Propriétaire	Beauvais (Oise)........	2,600

NOMS DES SOUSCRIPTEURS.	NOMS DES ASSURÉS.	PROFESSIONS.	DEMEURES.	Sommes
CORDIER.......	Cordier.......	....	Beauvais (Oise)........	450
»	Cordier.......	....	Id.	550
»	Cordier.......	....	Id.	550
»	Cordier.......	....	Id.	550
»	Cordier.......	....	Id.	500
CORNETTE.....	Cornette	Maçon	Larue-St-Pierre (Oise).	500
CORNU-PALMERY.	Cornu-Palmery	Propriétaire.......	Paris (Seine)...........	1,000
CORRION.......	....	Tonnelier	Albert (Somme).......	1,140
»	Corrion (Mlle).	....	Id.	300
»	Corrion......	....	Id.	500
»	Corrion (Mlle).	....	Id.	340
CORSET........	Corset (Mlle).	Boulanger........	Vigny (Seine-et-Oise)..	650
CORVASIER	Corvasier.....	Cafetier	Bouloire (Sarthe)......	300
COSSART..	....	Fabric. de brosses.	Cauvigny (Oise)........	350
»	Cossart (Mlle).	....	Id.	150
»	Cossart......	....	Id.	100
»	Cossart (Mme).	....	Id.	100
COSTE	Coste........	Fabricant bijoutier	Dijon (Côte-d'Or)......	3,000
COTARD........	Cotard (Mlle).	Épicier..........	Beuvraignes (Somme)..	425
COTTIN	....	Maraîcher........	St-Germain-en-Laye (Seine-et-Oise).	9,320
»	Cottin (Mme).	....	Id.	2,500
»	Cottin	....	Id.	2,500
»	Cottin........	....	Id.	1,800
»	Cottin (Mlle).	....	Id.	2,520
COTTIN	Cottin........	Propriétaire	Vinay (Isère)..........	400
COUDRAY (Mlle).	Coudray (Mlle)	Rentière.........	Le Mans (Sarthe)......	500
COUDRAY......	Coudray (Mlle)	Maire............	Congé-sur-Orne (Sarthe)	1,500
COUILLANDEAU	Couillandeau .	Propriétaire	Mirambeau (Charente-Inférieure).	400

NOMS DES SOUSCRIPTEURS.	NOMS DES ASSURÉS.	PROFESSIONS.	DEMEURES.	Sommes
COUILLANDEAU	Couillandeau (Mlle).	....	Mirambeau (Charente-I.)	200
»	Couillandeau..	....	Id.	200
COUILLARD....	....	Pharmacien	Fécamp (Seine-Infér.) ..	2,000
»	Couillard (Mlle).	....	Id.	500
»	Couillard (Mlle).	....	Id.	500
»	Couillard (Mlle).	....	Id.	500
»	Couillard.....	....	Id.	500
COUILLEAU.....	Couilleau.....	Gendarme à cheval.	Angers (Maine-et-Loire)	500
COULON........	....	Bottier..........	Fontainebleau (Seine-et-Marne).	825
»	Coulon (Mlle).	....	Id.	275
»	Coulon.......	....	Id.	275
»	Coulon (Mme)	....	Id.	275
COULON........	Coulon.......	Rentier..........	Roye (Somme).........	1,500
COURTADE.....	Courtade.....	Propriétaire......	Angoustrine (Pyrénées-Orientales).	200
COURSON.......	....	Dessinateur......	Paris (Seine)......... .	1,000
»	Courson......	....	Id.	500
»	Courson (Mme)	....	Id.	500
COURT.........	....	Chaudronnier.....	Romans (Drôme).......	300
»	Court (Mlle)..	....	Id.	100
»	Court........	....	Id.	100
»	Court........	....	Id.	100
COURT.........	Court........	Cafetier..........	Saint-Loubès (Gironde).	300
COURTIN.......	Courtin	Greffier au tribunal de commerce.	Évreux (Eure)..........	250
COURTOIS......	Thiéble	Propriétaire......	Beauvais (Oise)...	490
COURTOIS (Mlle)	Courtois (Mlle)	Rentière.........	Bourg-la-Reine (Seine).	500
COURTOIS (Mlle)	Courtois (Mlle)	Rentière.........	Id.	500
COURTOIS......	....	Rentier..........	Id.	2,000

NOMS DES SOUSCRIPTEURS.	NOMS DES ASSURÉS.	PROFESSIONS.	DEMEURES.	Sommes
COURTOIS.....	Courtois......	....	Bourg-la-Reine (Seine).	1,000
»	Courtois(Mme)	....	Id.	1,000
COURTOIS......	....	March. de laines...	Magny (Seine-et-Oise).	3,100
»	Courtois......	....	Id.	900
»	Courtois (Mlle)	....	Id.	1,100
»	Courtois......	....	Id.	1,100
COURTOIS	Courtois......	Négociant........	Bourg-la-Reine (Seine).	1,000
COURTOIS (Mlle)	Courtois (Mlle)	Rentière.........	Id.	500
COURTOISE.....	....	Marchand de draps.	Paris (Seine)..........	2,600
»	Courtoise.....	....	Id.	600
»	Courtoise (Mme).	....	Id.	700
»	Courtoise (Mlle).	....	Id.	600
»	Courtoise.....	....	Id.	700
COUSTET	....	Bottier	Paris (Seine)..........	1,000
»	Coustet	....	Id.	500
»	Coustet (Mme)	....	Id.	500
COUTANCEAU (Mlle).	Coutanceau...	Propriétaire.......	Bordeaux (Gironde)	3,000
COUTIER.......	....	Boulanger........	Noisy-le-Sec (Seine)...	1,520
»	Coutier	....	Id.	800
»	Coutier	....	Id.	720
COUTOR........	Coutor.......	Limonadier..	Fontainebleau (Seine-et-Marne).	500
COUTURIER	....	Propriétaire......	Commercy (Seine-et-O.)	770
»	Couturier (Mlle).	....	Id.	350
»	Couturier (Mlle).	....	Id.	420
COUZIN.........	Couzin.......	Prêtre...........	Chiry (Oise)	5,000
COYCAULT	....	Notaire et maire...	Langon (Gironde)......	2,100
»	Coycault (Mlle)	....	Id.	1,050
»	Coycault	....	Id.	1,050

NOMS DES SOUSCRIPTEURS.	NOMS DES ASSURÉS.	PROFESSIONS.	DEMEURES.	Sommes
CRAISSON......	Craisson......	Ébéniste.........	Paris (Seine)..........	4,800
»	Craisson.	....	Id.	2,400
»	Craisson(Mme)	....	Id.	2,400
CRAISSON (Mme)	Craisson	Rentière.........	Paris (Seine)	1,000
CRÉPIN	Crépin........	Propriétaire......	Noailles (Oise).........	1,350
CRESTIN	Crestin........	Négociant........	Dijon (Côte-d'Or)......	2,000
CROCHÉ.	Croché.......	Propriétaire......	Bordeaux (Gironde)....	900
CROMER	Cromer	Avoué près le tribunal civil.	Rethel (Ardennes).....	1,800
CRONNIER	....	Instituteur	Hermes (Oise).........	1,480
»	Cronnier.....	....	Id.	500
»	Cronnier (Mlle).	....	Id.	500
»	Cronnier.....	....	Id.	240
»	Martin (Mme).	....	Id.	240
CRONNIER	....	Employé.........	Enghien (Seine)........	1,600
»	Cronnier.....	....	Id.	500
»	Cronnier	....	Id.	1,100
CUCU (Mlle).....	Cucu (Mlle)...	Rentière.........	Paris (Seine)	150
CUCU (Ve)......	Cucu (Ve)....	Rentière.........	Paris (Seine)...........	150
CUGNIÈRE......	....	Propriétaire......	Solente (Oise)	1,760
»	Cugnière(Mlle)	....	Id.	800
»	Cugnière(Mlle)	....	Id.	960
CUILHÉ.........	Cuilhé (Mme).	Percepteur des contributions dir.	Lanemezan (Hautes-Pyrénées).	560
CUILLERIEZ....	Cuilleriez.....	Rentier..........	Romans (Drôme)..	200
CUPERLIER	Cuperlier (Mlle).	Maçon...........	Asfeld (Ardennes).......	640
CUSSAC.........	....	Propriétaire......	Bordeaux (Gironde)	5,940
»	Cussac.......	....	Id.	2,970
»	Cussac (Mme).	....	Id.	2,970
DAEL	....	Propriétaire......	Lille (Nord)...........	400

NOMS DES SOUSCRIPTEURS.	NOMS DES ASSURÉS.	PROFESSIONS.	DEMEURES.	Sommes
DAEL	Dael.........	....	Lille (Nord)...........	200
»	Dael.........	....	Id.	200
DADOU.........	....	Blanchisseur......	Meudon (Seine-et-Oise).	1,830
»	Dadou (Mlle)..	....	Id.	610
»	Dadou	....	Id.	610
»	Dadou (Mme).	....	Id.	610
DAGINCOURT...	....	Aubergiste	Beauvais (Oise)........	6,900
»	Dagincourt (Mlle).	....	Id.	3.450
»	Dagincourt ...	....	Id.	3 450
DAGOURY......	Dagoury (Mlle)	Teinturier........	Fouquières (Oise)......	1,000
DAIGREMONT..	Daigremont...	Propriétaire	Bordeaux (Gironde).....	1,000
DALÉAS........	Daléas (Mlle)..	Notaire	Tarbes (Hautes-Pyrén.).	250
DALÉAU........	....	Notaire	Bourg (Gironde)........	3,120
»	Daléau (Mlle).	....	Id.	2,850
»	Daléau (Mlle).	....	Id.	270
DALVERNY.....	Dalverny.....	Garde du génie....	(Rhône)...............	1,000
DAMBREVILLE.	Dambreville ..	Menuisier	Champion (Somme)....	800
DAMIENS.......	....	Epicier	Paris (Seine)...........	4,800
»	Damiens	....	Id.	1,200
»	Damiens (Mme).	....	Id.	1,200
»	Damiens(Mlle)	....	Id.	2,400
DANGEOIS......	Dangeois (Mlle).	Négociant........	Paris (Seine)...........	2,200
DANGER........	Danger.......	Cordonnier.......	Commercy (Seine-et-O.).	200
DANIEL	Daniel	Fab. de boutons...	Pierrepont (Oise).......	660
DANJEAN.......	Danjean......	Cultivateur.......	Trouhans (Côte-d'Or) ..	500
DANSON	Danson (Mlle).	Marchand épicier..	Gournay en Bray (Seine-Inférieure).	2,460
DANZIN.........	....	Maître tailleur....	Paris (Seine)	5,390
»	Danzin.......	....	Id.	1,635

NOMS DES SOUSCRIPTEURS.	NOMS DES ASSURÉS.	PROFESSIONS.	DEMEURES.	Sommes
DANZIN........	Parmentier...	....	Paris (Seine)...........	2,110
»	Danzin.......	....	Id.	1,035
»	Danzin.......	....	Id.	610
DARAS.........	....	Confiseur.........	Rethel (Ardennes)......	870
»	Daras........	....	Id.	480
»	Daras........	....	Id.	390
DARD..........	Dard (Mlle)...	Adj. au 14e régim. d'artillerie.	Lyon (Rhône).........	1,800
DARDELINO (Mlle).	Dardelino	Marchande.......	Bordeaux (Gironde).....	250
DARDENNE.....	Dardenne	Aubergiste.......	Saint-Martin (Marne)...	500
DARÈNE DE LA-CROZE.	Darène de La-croze.	Rentier..........	Châlon-sur-Saône (Saône-et-Loire).	1,000
DARGENT......	....	Bottier..........	Metz (Moselle).........	3,200
»	Dargent (Mlle)	....	Id.	950
»	Dargent......	....	Id.	600
»	Dargent......	....	Id.	750
»	Dargent......	....	Id.	900
DARMENSON (Mlle).	Darmenson (Mlle).	Couturière.......	Beauvais (Oise)........	500
DARODES......	Darodes (Mlle)	Notaire..........	Agen (Lot-et-Garonne).	5,400
DARRALDE.....	....	Docteur-médecin..	Navarrins (Basses-Pyr.).	9,600
»	Darralde.....	....	Id.	5,100
»	Darralde.....	....	Id.	4,500
DARRAS.......	....	Médecin vétérinaire	Breteuil (Oise)........	1,725
»	Darras.......	....	Id.	200
»	Darras.......	....	Id.	1,000
»	Darras (Mme).	....	Id.	525
DARRAS........	Darras.......	Tisserand........	Allery (Somme)........	240
DARRÉ.........	Darré........	Rentier..........	Tournay (Hautes-Pyr.)..	90
DAUCHY........	Dauchy......	Propriétaire......	Neuvillers (Oise).......	5,000
DAULLÉ........	Delarosière...	Architecte........	Amiens (Somme).......	750

NOMS DES SOUSCRIPTEURS.	NOMS DES ASSURÉS.	PROFESSIONS.	DEMEURES.	Sommes
DAUPELEY.....	....	Pharmacien	Havre (Seine-Inférieure)	23,000
»	Daupeley	....	Id.	1,000
»	Daupeley.....	....	Id.	20,000
»	Daupeley (Mlle).	....	Id.	2,000
DAUSSE........	Dausse.......	Agent d'affaires...	Arlay (Jura)...........	75
DAUTHUILLE...	....	Imprimeur.......	Paris (Seine)..........	1,700
»	Dauthuille....	....	Id.	900
»	Dauthuille....	....	Id.	800
DAUVERGNE...	....	Boucher..........	Vigny (Seine-et-Oise)...	500
»	Dauvergne ...	....	Id.	250
»	Dauvergne....	....	Id.	250
DAVID	....	Restaurateur......	Paris (Seine)..........	2,400
»	David........	....	Id.	1,200
»	David........	....	Id.	1,200
DAVID	David........	Négociant.........	Bordeaux (Gironde)	4,275
DAVID	....	Miroitier.........	Lisieux (Calvados)......	250
»	David........	....	Id.	125
»	David........	....	Id.	125
DAVID	David	Instituteur	Vigny (Seine-et-Oise)...	500
DAVIÈRE.......	....	Marchand	Vienne (Isère).........	2,000
»	Davière(Mlle).	....	Id.	500
»	Davière......	....	Id.	1,500
DAZY...........	Canquoin	Rentier..........	Marseille (B.-du-Rhône)	100
DAZY...........	Dazy.........	Coiffeur..........	Id.	2,100
DEBACQ........	Debacq	Rentier	Mouchy-Humière (Oise).	200
DEBAUGE	....	Négociant........	Lyon (Rhône)	10,500
»	Debauge	....	Id.	3,500
»	Debauge (Mme).	....	Id.	4,000

NOMS DES SOUSCRIPTEURS.	NOMS DES ASSURÉS.	PROFESSIONS.	DEMEURES.	Sommes
DEBAUGE	Debauge	....	Lyon (Rhône..........	3,000
DEBRIE	Godbert.	Négociant	Montdidier (Somme)...	900
DEBUIGNY......	....	Teinturier........	Amiens (Somme).......	500
»	Debuigny (Mme).	....	Id.	250
»	Debuigny	....	Id.	250
DEBURAUX	....	Rentier..........	Lucheux (Somme)......	200
»	Deburaux	....	Id.	120
»	Deburaux	....	Id.	80
DECAUX........	Decaux.......	Rentier..........	Brognon (Ardennes)....	500
DECOUAN	Decouan	Instituteur	Mitry (Seine-et-Marne).	800
DECUY	Decuy	Marchand vannier.	Havre (Seine-Inférieure)	500
DEFOLIE.......	Defolie	Propriétaire	St-Liers-Lalande (Gir.).	2,700
DEFOULLOY....	....	Marchand........	Damery (Somme)......	500
»	Defoulloy.....	....	Id.	250
»	Defoulloy	....	Id.	250
DEFRANCE....	Defrance.....	Marchand épicier..	Longperrier(Seine-et-M.)	750
DEFRANCE.....	....	Propriétaire	Warluis (Oise).........	5,320
»	Defrance (Mme).	....	Id.	1,800
»	Defrance (Mlle).	....	Id.	1,720
»	Defrance.....	....	Id.	1.800
DEGOUY.	Degouy	Propriétaire......	Amiens (Somme)......	750
DEHAMME......	....	Marchand de bois.	Ste-Geneviève (Oise)...	2,965
»	Dehamme (Mlle).	....	Id.	1,345
»	Dehamme (Mlle).	....	Id.	1,620
DEIMPRE (Mlle).	Deimpre(Mlle)	Rentière	Oisemont (Somme).....	190
DEJARDIN-GORY.	....	Menuisier	Avaux-le-Château (Ardennes).	1,350
»	Dejardin(Mlle)	....	Id.	750
»	Dejardin	....	Id.	600

NOMS DES SOUSCRIPTEURS.	NOMS DES ASSURÉS.	PROFESSIONS.	DEMEURES.	Sommes
DEJOUY........	Dejouy.......	Marchand de vins.	Marines (Seine-et-Oise).	750
DELACOUR.....	Delacour.....	Maître de poste aux chevaux.	Magny (Seine-et-Oise)..	4,000
DELADREUC....	Deladreuc (Mme).	Propriétaire......	Feuquières (Oise)......	800
DELAHOCHE....	Delahoche....	....	Amiens (Somme).......	1,000
DELALANDE (Mme).	....	Rentière.........	Bernay (Eure).........	500
»	Delalande (Mme).	....	Id.	250
»	Paon (Mlle)...	....	Id.	250
DELAMARRE...	Delamarre....	Orfévre de la reine.	Paris (Seine)..........	1,000
DELAMARRE...	....	Marchand bottier..	Beauvais (Oise)........	6,000
»	Delamarre (Mme).	....	Id.	2,000
»	Delamarre....	....	Id.	2,000
»	Delamarre (Mlle).	....	Id.	2,000
DELAMARRE...	....	Aubergiste.......	Bernay (Eure).........	400
»	Delamarre....	....	Id.	100
»	Delamarre....	....	Id.	100
»	Delamarre....	....	Id.	100
»	Delamarre,...	....	Id.	100
DELANNOY.....	Delannoy.....	Rentier..........	Hallennes (Nord).......	540
DELARBRE.....	Delarbre (Mlle).	Pharmacien.......	Riom (Puy-de-Dôme)..	2,000
DELAROCHE....	Delaroche....	Boulanger........	Magny (Seine-et-Oise)..	500
DELARUE......	Delarue......	Propriétaire......	Les Loges (Somme)....	1,050
DELATRE......	Delatre......	Maçon...........	Andainville (Somme)...	100
DELAUNAY.....	....	Employé.........	Paris (Seine)..........	300
»	Delaunay.....	....	Id.	150
»	Delaunay (Mme).	....	Id.	150
DELAUNAY.....	Delaunay....	Officier en retraite.	Angers (Maine-et-Loire).	520
DELBOSSE......	Delbosse.....	Charpentier......	Toulouse (H.-Garonne).	1,500
DELCASSO (Ve)..	Delcasso.....	Rentière.........	Montlouis (Pyrénées-Or.)	1,700

NOMS DES SOUSCRIPTEURS.	NOMS DES ASSURÉS.	PROFESSIONS.	DEMEURES.	Sommes
DELCOURT.....	Delcourt	Menuisier........	Oisemont (Somme).....	75
DELECOURT.....	Delecourt (Mlle).	Blanchiss. de toiles.	Abbeville (Somme).....	400
DELEULE.......	Deleule	Voyag. de comm..	Montpellier (Hérault)...	160
DELEUX.... ...	....	Coiffeur..........	Magny (Seine-et-Oise).	925
»	Deleux.......	....	Id.	500
»	Deleux.......	....	Id.	425
DELHOMME	Delhomme (Mlle).	Entrepreneur.....	La Rochelle (Char.-Inf.)	2,400
DELLE.........	Delle	Chirurgien	Liancourt-Fosse(Somme)	90
DELONÉE	Delonée......	Coiffeur	Autun (Saône-et-Loire).	400
DELORME......	....	March. de rouenn.,	Argenteuil (Seine-et-Ois.)	3,500
»	Delorme	....	Id.	1,750
»	Martinet(Mme)	....	Id.	1,750
DELPIERRE	Delpierre.....	Rentier..........	Abbeville (Somme).....	700
DELVOYE.......	....	Aubergiste	Warluy (Oise).........	6,480
»	Delvoye (Mme)	....	Id.	1,720
»	Delvoye......	....	Id.	1,600
»	Delvoye......	....	Id.	1,650
»	Delvoye (Mlle)	....	Id.	1,510
DEMACON......	Demacon.....	Marchand	Lacroix-Balas (Ardenn.)	400
DEMACON......	Demacon.....	Rentier	Ligny-le-Petit (Ardenn.)	60
DEMIMUID......	Gaudinot.....	Rentier	Château-Thierry (Aisne)	1,000
DEMOLIN.......	Demolin......	Lampiste.........	Paris (Seine)..........	500
DENARD........	....	Propriétaire	Puteaux (Seine)........	1,225
»	Denard	....	Id.	605
»	Denard	....	Id.	620
DENEULIN......	Deneulin	Marchand tailleur.	Marseille (B.-du-Rhône).	500
DENILLE.......	....	Mécanicien.......	Gouvieux (Oise)........	1,910
»	Denille.......	....	Id.	900

NOMS DES SOUSCRIPTEURS.	NOMS DES ASSURÉS.	PROFESSIONS.	DEMEURES.	Sommes
DENILLE	Denille.......	....	Gouvieux (Oise)........	1,010
DENIS	....	Serrurier	Toulouse (Haute-Gar.)..	2,000
»	Denis	....	Id.	1,600
»	Denis	....	Id.	1,000
DENIS..........	....	Graveur	Bolbec (Seine-Inférieure)	1,750
»	Denis	....	Id.	500
»	Denis	....	Id.	750
»	Denis (Mlle)..	....	Id.	500
DENIS..........	....	Bourrelier........	Bourg-la-Reine (Seine)..	1,000
»	Denis	....	Id.	500
»	Denis (Mme)..	....	Id.	500
DENOUS........	....	Boulanger........	Chambelly (Maine-et-L.)	450
»	Denous	....	Id.	170
»	Denous (Mlle).	....	Id.	150
»	Denous	....	Id.	130
DENOYELLE....	....	Notaire	Feuquières (Oise)......	750
»	Denoyelle	....	Id.	250
»	Denoyelle (Mlle).	....	Id.	250
»	Denoyelle	....	Id.	250
DEODOR........	....	Commissaire pris..	Paris (Seine)...........	6,745
»	Deodor	....	Id.	3,600
»	Deodor.......	....	Id.	3,145
DEQUIVRE......	Dequivre (Mlle).	Instituteur........	Bues (Somme).........	650
DEREINS.......	Dereins......	Propriétaire	Troyes (Aube).........	1,000
DEREULX	Ponthieux	Id.	Royglise (Somme)......	500
DERONDEL.....	....	Vinaigrier........	Belleville (Seine).......	2,500
»	Derondel.....	....	Id.	500
»	Derondel (Mme).	....	Id.	500

NOMS DES SOUSCRIPTEURS.	NOMS DES ASSURÉS.	PROFESSIONS.	DEMEURES.	Sommes
DERONDEL.....	Derondel(Mlle)	....	Belleville (Seine).......	500
»	Derondel.....	....	Id.	500
»	Derondel.....	....	Id.	500
DESACHY.......	....	Propriétaire......	Rethonvillers (Somme)..	2,705
»	Desachy......	....	Id.	1,205
»	Baillez.......	....	Id.	1,500
DESACHY.......	Desachy......	Débitant.........	Rethonvillers (Somme)..	420
DESAUTY.......	Desauty......	Instituteur........	Novillers (Oise)........	1,575
DESCORD.......	....	Propriétaire......	Bordeaux (Gironde)......	5,130
»	Descord......	....	Id.	1,710
»	Descord (Mme)	....	Id.	1,710
»	Descord......	....	Id.	1,710
DESESSERTS ...	....	Libraire-éditeur...	Paris (Seine)	3,200
»	Desesserts (Mlle).	....	Id.	1,000
»	Desesserts (Mme).	....	Id.	1,100
»	Desesserts....	....	Id.	1,100
DESHAYES (Mlle)	Deshayes (Mlle).	Marchand de laine.	Magny (Seine-et-Oise)..	2,400
DESHAYES......	Deshayes (Mlle).	Rentier..........	Paris (Seine)...........	250
DESHAYES......	Deshayes.....	Menuisier........	Bernay (Eure)..........	100
DESJARDINS....	....	Rentier..........	Bobigny (Seine)........	2,150
»	Desjardins....	....	Id.	1,050
»	Desjardins (Mlle).	....	Id.	1,100
DESMARRES....	Desmarres. ..	Marchand boucher.	Bernay (Eure)..........	100
DESNOS (Mlle)..	Desnos.......	Rentière........	Alençon (Orne).........	250
DESPRÉS.......	Després......	Huissier..........	Loué (Sarthe)..........	500
DESPRÉS......	Després......	Propriétaire......	Le Mans (Sarthe).......	1,750
DESPRÉS (Mme).	Després (Mme)	....	Id.	1,750
DESPRÉS.......	Després.. ...	Etudiant.........	Paris (Seine)..........	1,000

NOMS DES SOUSCRIPTEURS.	NOMS DES ASSURÉS.	PROFESSIONS.	DEMEURES.	Sommes
DESPRÉS-ENJUBAULT.	....	Anc. not. et adm., caiss. de l'*Equit.*	Paris (Seine)..........	2,000
»	Després-Enjubault.	....	Id.	1,000
»	Després (Mlle)	....	Id.	1,000
DESPRÉS	Després......	Étudiant.........	Paris (Seine)...........	1,000
DESPRÉS	Després......	Étudiant.........	Paris (Seine)..........	1,000
DESPRÉS (Mme), née ENJUBAULT	Després (Mme)	Rentière.........	Id.	1,000
DESPRÉS.......	....	Rentier	Beauvais (Oise)........	5,240
»	Després......	....	Id.	660
»	Després (Mme)	....	Id.	660
»	Després (Mlle)	....	Id.	1,260
»	Després (Mlle)	....	Id.	1,350
»	Després......	....	Id.	1,310
DESSARIS.....	Dessaris......	Propriétaire......	Perpignan(Pyrénées-Or.)	180
DESTOUR.......	Destour......	March. de parapl..	Sangeons (Oise)........	500
DESVIGNES.....	Desvignes....	Ciseleur..........	Paris (Seine)...........	985
DETURMENY..	Deturmeny...	Boulanger........	Chaumont (Oise).......	3,006
DEVALORS(Mlle)	Devalors.....	Rentière.........	Lyon (Rhône)..........	2,000
DEVARENNES fils.	Devarennes fils	Rentier	Andeville (Oise).......	3,450
DEVARENNE...	....	Brossier..........	Id.	4,150
»	Devarenne (Mlle).	....	Id.	1,990
»	Devarenne (Mlle).	....	Id.	2,160
DEVAUX (Mlle)..	Devaux (Mlle)	Rentière.........	Lille (Nord)...........	1,000
DEVERGIE......	....	Greffier de paix...	Marseille (Oise)........	500
»	Devergie (Mme).	....	Id.	250
»	Devergie.....	....	Id.	250
DEYDOU	....	Menuisier	Langon (Gironde)......	500
»	Deydou......	....	Id.	250
»	Deydou (Mme)	....	Id.	250

NOMS DES SOUSCRIPTEURS.	NOMS DES ASSURÉS.	PROFESSIONS.	DEMEURES.	Sommes
DEZAGUIS......	Dezaguis.....	Rentier..........	Alençon (Orne)........	300
DIDIER.........	....	Émailleur.......	Paris (Seine)..........	4,500
»	Didier.......	....	Id.	500
»	Didier (Mlle).	....	Id.	4,000
DIEULIN........	....	Officier en retraite.	Paris (Seine)..........	1,550
»	Dieulin (Mlle).	....	Id.	600
»	Dieulin (Mlle).	....	Id.	550
»	Dieulin (Mlle).	....	Id.	400
DIEULOUARD ...	Dieulouard...	Fabricant.........	Lucheux (Somme)	200
DIEUX..........	Dieux........	Instituteur	Tremblay (Seine-et-Oise)	2,000
DIGUET (Mme)..	Maurin.......	Rentière	Paris (Seine)...........	500
DILLENBAUM (Mlle).	....	Débit. de tabac ...	Strasbourg (Bas-Rhin)..	1,500
»	Dillenbaum ...	....	Id.	1,000
»	Dillenbaum ...	....	Id.	500
DIMPRE........	Dimpre	Bourrelier........	Oisemont (Somme).....	75
DIOLOT	Diolot........	Brigadier de gend..	Autun (Saône-et-Loire).	360
DIRLANDE	Dirlande	Coiffeur..........	Lisieux (Calvados)	500
DIRRINGER	....	Cordonnier	Paris (Seine)	2,000
»	Dirringer	....	Id.	1,000
»	Dirringer	....	Id.	1,000
DIVET..........	....	Propriétaire	Angers (Maine-et-Loire).	2,140
»	Divet	....	Id.	1,070
»	Divet (Mme)..	....	Id.	1,070
DIZY...........	Dizy.........	Rentier	Château-Thierry (Aisne)	240
DOBEL.........	Dobel........	Meunier..........	Montdidier (Somme) ...	900
DOISNEAU	....	Postillon	Paris (Seine)..........	750
»	Doisneau.....	....	Id.	300
»	Doisneau (Mlle).	....	Id.	450

NOMS DES SOUSCRIPTEURS.	NOMS DES ASSURÉS.	PROFESSIONS.	DEMEURES.	Sommes
DOLIGER (Ve)..	Doliger (Ve)..	Rentière	Abbeville (Somme)....	1,000
DOLNET........	Dolnet	Épicier	Magny (Somme)........	750
DOMAGE	Domage.	Menuisier	Mitry (Seine-et-Marne).	1,500
DONAS	....	Garde d'artillerie..	Lyon (Rhône).........	720
»	Donas (Mlle)..	....	Id.	360
»	Donas........	....	Id.	360
DONIS-DOES-NARD.	....	Filateur..........	Lisieux (Calvados).....	200
»	Donis - Does-nard (Mme).	....	Id.	50
»	Donis - Does-nard.	....	Id.	50
»	Donis (Mlle)..	....	Id.	50
»	Donis (Mlle)..	....	Id.	50
DONNADIEU.. ..	....	Négociant	Cadillac (Gironde)......	300
»	Donnadieu....	....	Id.	150
»	Donnadieu (Mme).	....	Id.	150
DORÉ (Mlle)....	....	Rentière	Belleville (Seine).......	2,000
»	Doré.........	....	Id,	1,500
»	Doré.........	....	Id.	500
DORÉ..........	Doré.........	Rentier.	Fécamp (Seine-Infér.)..	1,000
DONEL....... ..	Donel........	Marchand de bois.	Gréez (Sarthe).........	250
DORLAND......	....	Jardinier.........	St-Denis (Seine).......	1,300
»	Dorland......	....	Id.	600
»	Dorland......	....	Id.	700
DORVILLE......	....	Propriétaire	Bobigny (Seine)........	1,460
»	Dorville (Mlle)	....	Id.	550
»	Dorville......	....	Id.	910
DOSSET	Salaignac (Mlle).	Propriétaire	Bagnères (H.-Garonne)..	2,000
DOUCET........	....	Secrét. de la mairie.	Montreuil (Seine)......	2,250
»	Doucet.......	....	Id.	750

NOMS DES SOUSCRIPTEURS.	NOMS DES ASSURÉS.	PROFESSIONS.	DEMEURES.	Sommes
DOUCET........	Doucet (Mme).	....	Montreuil (Seine)......	500
»	Doucet.......	....	Id.	1,000
DOURLEN......	....	Employé.........	Paris (Seine)..........	500
»	Dourlen......	....	Id.	100
»	Dourlen(Mme)	....	Id.	100
»	Dourlen......	....	Id.	100
»	Dourlen......	....	Id.	100
»	Dourlen......	....	Id.	100
DOYEN.........	....	Propriétaire......	Barby (Ardennes)......	5,000
»	Doyen.......	....	Id.	1,000
»	Doyen (Mlle).	....	Id.	1,000
»	Doyen (Mlle).	....	Id.	1,000
»	Doyen.......	....	Id.	1,000
»	Doyen........	....	Id.	1,000
DRIVIÈRE......	....	Rentier..........	Château-Thierry (Aisne)	600
»	Drivière......	....	Id.	300
»	Drivière......	....	Id.	300
DROSSE (Mlle)..	....	Maîtr. d'hôt. meub.	Paris (Seine)..........	4,400
»	Drosse (Mlle).	....	Id.	3,000
»	Drosse.......	....	Id.	1,400
DROUET......	....	Maître d'hôtel....	Fécamp (Seine-Infér.)..	3,000
»	Drouet.......	....	Id.	1,000
»	Drouet (Mlle).	....	Id.	1,000
»	Drouet.......	....	Id.	1.000
DROUHIN.......	Drouhin (Mlle)	Maître d'hôtel.....	Mirecourt (Vosges).....	1,000
DROUIN........	Drouin.......	Maréchal ferrant..	Noisy-le-Sec (Seine)...	1,800
DRUART.......	....	Propriétaire......	Brognon (Ardennes)....	290
»	Druart.......	....	Id.	50

NOMS DES SOUSCRIPTEURS.	NOMS DES ASSURÉS.	PROFESSIONS.	DEMEURÉS.	Sommes
DRUART	Druart (Mlle).	....	Brognon (Ardennes)....	240
DRUART	Druart	Propriétaire	Laneuville (Ardennes)..	480
DRUET.........	Druet........	Bottier...........	Alençon (Orne)........	500
DUBLIN	....	March. de meubles.	Magny (Seine-et-Oise)..	775
»	Dublin (Mlle).	....	Id.	425
»	Dublin (Mlle).	....	Id.	350
DUBOILLE......	....	Marchand de vin traiteur.	Paris (Seine)..........	500
»	Duboille	....	Id.	125
»	Duboille	....	Id.	125
»	Duboille	....	Id.	125
»	Duboille (Mme).	....	Id.	125
DUBOIS.........	Dubois.......	Rentier..........	Paris (Seine)..........	1,200
DUBOIS.........	....	Carrossier........	La Flèche (Sarthe).....	1,000
»	Dubois.......	....	Id.	500
»	Dubois.......	....	Id.	500
DUBOIS.........	....	Boulanger........	Albert (Somme)........	400
»	Dubois.......	....	Id.	200
»	Dubois.......	....	Id.	200
DUBOIS.........	Dubois.......	Maître de pension.	Dijon (Côte-d'Or)......	2,000
DUBOIS (Mlle)...	Dubois (Mlle).	Propriétaire......	Paris (Seine)..........	500
DUBOIS.........	Dubois.......	Propriétaire......	Beuvraigne (Somme)...	600
DUBOIS.........	Dubois.......	Ingén. mécanicien.	Lyon (Rhône)..........	6,000
DUBOIS.........	Dubois.......	Voilier...........	Le Havre (Seine-Infér.)	3,000
DUBOIS.........	Dubois.......	Jardinier	St-Usage (Côte-d'Or)...	240
DUBOIS.........	Dubois (Mme).	Fabr. de couvertur.	Lille (Nord)..........	1,000
DUBOS	....	March. chapelier..	Orbec (Calvados).......	400
»	Dubos	....	Id.	100
»	Dubos	....	Id.	200

NOMS DES SOUSCRIPTEURS.	NOMS DES ASSURÉS.	PROFESSIONS.	DEMEURES.	Sommes
DUBOS	Dubos	....	Orbec (Calvados)......	100
DUBOS (Mme)...	Dubos	Rentière	Abbeville (Somme).....	120
DUBOS	Dubos (Mlle).	Banquier.........	Rouen (Seine-Infér.)...	3,600
DUBOURG	Dubourg	Propriétaire	Langon (Gironde)......	1,350
DUBRAY (Mme).	Dubray (Mme)	Rentière	Abbeville (Somme).....	800
DUBRAY...	Dubray	Rentier	Abbeville (Somme).....	800
DUBRAY........	Dubray	Palefrenier.......	Abbeville (Somme).....	200
DUBRAY (Mme).	Dubray (Mme)	Rentière	Abbeville (Somme).....	200
DUBREUIL (Ve).	Dubreuil(Mlle)	Rentière.........	Marseille (B.-du-Rhône)	1,000
DUBUS	Dubus	Ouvrier..........	Bernay (Eure).........	75
DUBUS	Dubus	Direct. de filature.	Bernay (Eure).........	200
DUCASSE.......	....	Sellier	Laroche-Chalais (Dord.)	1,000
»	Ducasse (Mlle)	....	Id.	500
»	Bontemps (Mme).	....	Id.	250
»	Ducasse......	....	Id.	250
DUCAT.........	....	Cabaretier........	Grandrieux (Aisne).....	500
»	Ducat (Mme).	....	Id.	100
»	Ducat........	....	Id.	150
»	Ducat........	....	Id.	150
»	Ducat........	....	Id.	100
DUCHATEL.....	....	Rentier	Lucheux (Somme)......	300
»	Duchatel.....	....	Id.	50
»	Duchatel.....	....	Id.	250
DUCHESNES	....	Bijoutier	Meudon (Seine-et-Oise).	3,675
»	Duchesnes....	....	Id.	1,225
»	Duchesnes (Mme).	....	Id.	1,225
»	Duchesnes....	....	Id.	1,225
DUCILLIEZ	....	Charpentier.......	Lucheux (Somme).....	370

NOMS DES SOUSCRIPTEURS.	NOMS DES ASSURÉS.	PROFESSIONS.	DEMEURES.	Sommes
DUCILLIEZ.....	Ducilliez.....	....	Lucheux (Somme)......	150
»	Ducilliez.....	....	Id.	100
»	Ducilliez.....	....	Id.	120
DUCLOS........	Auger.......	March. grènetier..	Magny (Seine-et-Oise)..	1,000
DUCORON......	....	Maître boulanger..	Beauvais (Oise).........	5,300
»	Ducoron.....	....	Id.	2,500
»	Ducoron.....	....	Id.	2,800
DUCOURNAUD..	... .	Maître d'hôtel.....	Tenon-la-Bastide (Gironde).	7,500
»	Ducournaud..	....	Id.	1,260
»	Ducournaud (Mlle).	....	Id.	1,260
»	Ducournaud..	....	Id.	1,260
»	Ducournaud (Mlle).	....	Id.	1,260
»	Ducournaud..	....	Id.	1,260
»	Ducournaud..	....	Id.	1,260
DUCROPS.......	....	Épicier...........	Morchain (Somme).....	590
»	Ducrops (Mlle)	....	Id.	180
»	Ducrops (Mlle)	....	Id.	210
»	Ducrops......	....	Id.	200
DUFLOT........	Duflot........	Menuisier........	Gruny (Somme).......	425
DUFLOT........	Duflot........	Cultivateur.......	Gruny (Somme)........	360
DUFOUR........	Dufour.......	Bottier...........	Albert (Somme)........	800
DUFOUR........	....	Charpentier......	La Bastide (Gironde)....	1,350
»	Dufour (Mme)	....	Id.	450
»	Dufour.......	....	Id.	450
»	Dufour (Mlle).	....	Id.	450
DUFRENOY.....	....	Propriétaire.....	Rethonvillers (Somme).	1,160
»	Dufrenoy (Mlle).	....	Id.	560
»	Dufrenoy.....	....	Id.	600

NOMS DES SOUSCRIPTEURS.	NOMS DES ASSURÉS.	PROFESSIONS.	DEMEURES.	Sommes
DUFRESNE	....	Cultivateur........	Gruny (Somme)	245
»	Dufresne.....	....	Id.	120
»	Dufresne.....	....	Id.	125
DUGLAND	Dugland	Rentier..........	Château-Thierry (Aisne)	300
DUGORNAY	Dugornay	Cultivateur.......	Brosses (Seine-et-Marne)	400
DUGOUJON	Dugoujon	Docteur-médecin..	Mezin (Lot-et-Garonne)	3,040
DUGUÉ.........	Dugué	Laboureur........	Angers (Maine-et-Loire)	2,000
DUHAUTBOUT ..	....	Cultivateur.......	Buies (Somme).........	1,750
»	Duhautbout...	....	Id.	1,000
»	Duhautbout...	....	Id.	750
DUHOUX........	Duhoux	Aubergiste	Provenchères (Vosges)..	500
DUJARDIN......	Dujardin	Rentier	Lille (Nord)...........	512
DULAC.........	Dulac........	Clerc de notaire...	Roanne (Loire)........	400
DUMAIL........	....	Propriétaire	Gensac (Gironde)	8,010
»	Tricoche......	....	Id.	4,750
»	Dumail (Mlle)	....	Id.	1,500
»	Dumail (Mlle)	....	Id.	1,000
»	Coquiaud	....	Id.	760
DUMANT	Dumant......	Propriétaire	Besançon (Doubs).......	500
DUMESGES	Dumesges	Propriétaire	Amiens (Somme)	300
DUMONT	....	Négociant........	Paris (Seine)...........	2,000
»	Dumont (Mme)	....	Id.	1,000
»	Dumont......	....	Id.	1,000
DUMONT	Dumont......	Jardinier.........	Thiais (Seine)	1,000
»	Dumont......	....	Id.	400
»	Dumont......	....	Id.	300
»	Dumont (Mme)	....	Id.	300
DUMONT	....	Instituteur........	Damery (Somme)	460

NOMS DES SOUSCRIPTEURS.	NOMS DES ASSURÉS.	PROFESSIONS.	DEMEURES.	Sommes
DUMONT	Dumont (Mlle)	....	Damery (Somme)......	120
»	Dumont	....	Id.	180
»	Dumont	....	Id.	160
DUMONT	Dumont	Propriétaire	Manicourt (Somme)	840
DUMONT	....	Maître maçon.....	Sceaux (Seine).	1,500
»	Dumont (Mlle)	....	Id.	500
»	Dumont (Mme)	....	Id.	500
»	Dumont	....	Id.	500
DUPART........	....	Propriétaire......	Cadillac (Gironde)	500
»	Dupart (Mme)	....	Id.	250
»	Dupart.......	....	Id.	250
DUPARET	Duparet......	Vérificateur de navigation.	Saint-Symphorien (Côte-d'Or).	3,000
DUPEYRAT.....	Dupeyrat.....	Propriétaire	Bordeaux (Gironde)....	2,085
DUPEYRON.....	....	Rentier	Monségur (Gironde)	2,000
»	Dupeyron.....	....	Id.	1,000
»	Dupeyron	....	Id.	1,000
DUPIN	....	Boulanger........	Bordeaux (Gironde)....	8,345
»	Dupin........	....	Id.	3,000
»	Dupin........	....	Id.	2,880
»	Dupin (Mlle)..	....	Id.	2,465
DUPIN..........	Bladinières...	Propriétaire	Bordeaux (Gironde)	8,360
DUPLA.........	Dupla........	Boulanger........	Dammartin (Seine-et-M.)	450
DUPONTRUC....	Dupontruc....	Tisserand	Bellay-sur-Somme (Somme).	300
DUPORT........	....	Contre-maître....	Caluire (Rhône)	1,150
»	Duport (Mme)	....	Id.	250
»	Duport.......	....	Id.	250
»	Duport.......	....	Id.	650
DUPRAT........	....	Cultivateur.......	Saint-Loubès (Gironde).	700

NOMS DES SOUSCRIPTEURS.	NOMS DES ASSURÉS.	PROFESSIONS.	DEMEURES.	Sommes
DUPRAT........	Duprat.......	....	Saint-Loubès (Gironde).	300
»	Duprat.......	....	Id.	200
»	Duprat (Mme)	....	Id.	200
DUPRESSOIR ...	Dupressoir....	Charcutier	Antony (Seine).........	500
DUPUIS.........	Dupuis	Teinturier........	Abbeville (Somme).....	200
DUPUIS.........	....	Mécanicien.......	Paris (Seine)..........	2,000
»	Dupuis (Mme).	....	Id.	1,000
»	Dupuis.......	....	Id.	1,000
DUPUIS.........	Dupuis.......	Poêlier	Amiens (Somme).......	190
DUPUIS.........	Dupuis.......	Débitant	Albert (Somme).......	700
DUPUY.........	Dupuy	March. de chevaux	Feuquières (Oise)	1,020
DURAN DE LAMBESSA.	Barbe........	Maire de La Réole.	La Réole (Gironde).....	300
DURAND	Durand (Mlle).	Sous-censeur au collége royal.	Bordeaux (Gironde).....	3,420
DURAND (Mme).	Durand (Mme)	Rentière	Lille (Nord)	300
DURAND	....	Charron..........	Cléry (Seine-et-Oise)...	800
»	Durand	....	Id.	400
»	Durand	....	Id.	400
DURANTHON...	Duranthon ...	Négociant	Marmande (Lot-et-Gar.).	500
DURANTHON...	....	Bijoutier.........	Mirambeau (Char.-Inf.).	1,800
»	Duranthon ...	....	Id.	900
»	Duranthon ...	....	Id.	900
DURAS.........	Bonneau	Cafetier..........	Gensac (Gironde).......	850
DURBECQ	Durbecq	Propriétaire	Brognon (Ardennes)....	100
DUREAU........	....	Marchand épicier..	Meulan (Seine-et-Oise).	1,000
»	Dureau (Mme)	....	Id.	500
»	Dureau	....	Id.	500
DURET..........	Duret	March. de couleurs	Belleville (Seine).......	2,000
DURET..........	....	March. de vins....	Paris (Seine)..........	2,000

NOMS DES SOUSCRIPTEURS.	NOMS DES ASSURÉS.	PROFESSIONS.	DEMEURES.	Sommes
DURET..........	Duret..........	....	Paris (Seine)	1,000
»	Duret (Mme)..	....	Id.	1,000
DURIN	Durin (Mlle)..	Propriétaire......	Noisy-le-Sec (Seine)....	500
DURIN	Laubertau....	Menuisier.........	Bobigny (Seine)........	2,200
DUROUSSEAU DE FERRIÈRES	....	Chemisier des princes.	Paris (Seine)...........	5,000
»	Durousseau...	....	Id.	2,500
»	Durousseau (Mme).	....	Id.	2,500
DUSEBERG	....	Marchand bottier..	Paris (Seine)...........	400
»	Duseberg.....	....	Id.	200
»	Duseberg (Mme).	....	Id.	200
DUSSUC (Mme)...	Dussuc.......	Propriétaire	Angers (Maine-et-Loire)	2,000
DUTZSCHOLD...	Dutzschold ...	Rentier.	Paris (Seine)	1,000
DUVAL.........	Duval........	Aubergiste	Gournay-en-Bray (Seine-Inférieure).	3,020
DUVAL.........	Duval........	Boulanger........	Chambellay (Maine-et-Loire).	200
DUVAL.........	....	Marchand épicier.	Mesnil-Amelot (Seine-et-Marne).	3,000
»	Duval........	....	Id.	750
»	Duval (Mlle)..	....	Id.	750
»	Duval (Mlle)..	....	Id.	750
»	Duval........	....	Id.	750
DUVAL (Ve).....	Duval........	Débitante	Carrépuits (Somme)....	560
DUZEA.........	....	Marchand d'huiles.	Lyon (Rhône)..........	5,700
»	Duzea........	....	Id.	1,800
»	Duzea (Mlle)..	....	Id.	1,800
»	Duzea........	....	Id.	2,100
EBRAN.........	....	Armateur	Fécamp (Seine-Infér.) ..	4,500
»	Ebran........	....	Id.	750
»	Ebran	....	Id.	500
»	Ebran (Mlle)..	....	Id.	750

NOMS DES SOUSCRIPTEURS.	NOMS DES ASSURÉS.	PROFESSIONS.	DEMEURES.	Sommes
EBRAN........	Ebran (Mlle)..	....	Fécamp (Seine-Infér.)..	750
»	Ebran........	....	Id.	500
»	Ebran........	....	Id.	750
»	Ebran (Mlle).	....	Id.	500
ECHARD........	Echard.......	Fermier..........	Soulaine (Maine-et-L.).	500
EDAN	....	Maître de pension.	Roye (Somme).........	1,500
»	Edan (Mme)..	....	Id.	500
»	Edan (Mlle)..	....	Id.	500
»	Edan	....	Id.	500
EDOUARD dit LILLOIS.	Dubuche.....	Propriétaire	Roye (Somme).........	200
EDOUARD	....	Maréchal-des-logis-chef, 14e d'artill.	Lyon (Rhône)	800
»	Edouard	....	Id.	200
»	Edouard......	....	Id.	200
»	Edouard (Mlle)	....	Id.	200
»	Edouard	....	Id.	200
EDOUARD dit LILLOIS.	....	Propriétaire	Roye (Somme)..	950
»	Boulnois	....	Id.	450
»	Boulnois	....	Id.	500
EIFFEL	....	Propriétaire......	Dijon (Côte-d'Or)......	3,000
»	Eiffel	....	Id.	1,000
»	Eiffel (Mlle)...	....	Id.	1,000
»	Eiffel..	....	Id.	1,000
EMERY.........	Emery (Mlle).	Propriétaire	Mitry (Seine-et-Marne)..	1,000
EMERY.........	Emery	Cultivateur.......	Oisseau (Sarthe).......	500
ERLON (le vicomte d').	Erlon (d').....	Capit. au 5e régim. de hussards.	Tarbes (Hautes-Pyrénées)	4,200
ERNEST (Mlle)..	Ernest (Mlle).	Rentière	Paris (Seine)..........	1,200
ERNEST........	Ernest (Mlle).	Boulanger.......	Metz (Moselle)........	750
ESCARPIT......	Escarpit......	Propriétaire	Langon (Gironde)......	585

NOMS DES SOUSCRIPTEURS.	NOMS DES ASSURÉS.	PROFESSIONS.	DEMEURES.	Sommes
ESSERTIER.....	Essertier(Mlle)	Limonadier.......	Rives (Isère)...........	500
ESTIVAL.......	Estival.......	Bottier...........	Paris (Seine)..........	1,000
ETCHELECU....	....	Notaire..........	Sauveterre (Basses-Pyr.)	1,440
»	Etchelecu (Mlle).	....	Id.	720
»	Etchelecu (Mlle).	....	Id.	720
ETCHUDO......	Etchudo......	Serrurier.........	St-Palais (Basses-Pyrén.)	500
EVRARD (Mme).	Evrard (Mlle).	Rentière.........	Alençon (Orne)........	50
EYMERY.......	....	Notaire..........	Mirambeau (Char.-Inf.).	2,400
»	Eymery......	....	Id.	1,200
»	Eymery......	....	Id.	1,200
EYNAUD........	....	Rentier..........	Marseille (B.-du-Rhône)	2,200
»	Eynaud......	....	Id.	500
»	Eynaud (Mlle).	....	Id.	500
»	Eynaud (Mlle).	....	Id.	1,200
FABRESSE......	Fabresse.....	Cordonnier.......	Perpignan (Pyrénées-O.)	400
FABROT........	....	Officier de marine.	St-Étienne (Loire).....	1,600
»	Fabrot.......	....	Id.	400
»	Fabrot.......	....	Id.	600
»	Fabrot.......	....	Id.	400
»	Fabrot.......	....	Id.	200
FAGOT.........	Fagot........	Libraire..........	Grenoble (Isère).......	1,000
FALAISE.......	....	Passementier.....	Paris (Seine)..........	500
»	Falaise.......	....	Id.	100
»	Falaise(Mme).	....	Id.	100
»	Falaise (Mlle).	....	Id.	200
»	Falaise.......	....	Id.	100
FALRET........	Falret.......	Receveur d'octroi.	Bordeaux (Gironde)...	675
FANCHON......	....	Rentier..........	Beuvraignes (Somme)..	1,000

NOMS DES SOUSCRIPTEURS.	NOMS DES ASSURÉS.	PROFESSIONS.	DEMEURES.	Sommes
FANCHON......	Fanchon......	....	Beuvraignes (Somme)..	500
»	Fanchon (Mlle)	....	Id.	500
FAUQUET.......	....	Fabric. de tissus..	Bolbec (Seine-Infér)....	6,250
»	Fauquet......	....	Id.	2,000
»	Fauquet (Mlle)	....	Id.	2,000
»	Fauquet (Mlle)	....	Id.	2,250
FAURE (Mlle)...	Faure (Mlle)..	Rentière.........	Paris (Seine)..........	4,421
FAURE.........	Faure........	March. quincaillier	Angers (Maine-et-Loire)	7,500
FAVRE.........	Favre........	Instituteur.......	Paris (Seine)..........	2,800
FAYNOT........	Faynot (Mlle).	Quincaillier	Château-Portien (Arden.)	2,700
FEBRET........	Febret.......	Curé desservant...	Champdôtre (Côte-d'Or).	2,000
FEGUEUX	Fegueux......	March. de vins en g.	Roye (Somme).........	1,800
FENDT.........	Fendt........	Ferblantier-lamp..	Troyes (Aube).........	2,000
FENÈTRIER	Fenetrier	Marchand tailleur.	Lyon (Rhône)..........	1,000
FÉQUANT	Féquant (Mlle)	Cultivateur.......	Barby (Ardennes)......	1,800
FERDINAND....	....	Limonadier.......	Romans (Drôme).......	400
»	Ferdinand....	....	Id.	200
»	Ferdinand....	....	Id.	200
FERRET.......	....	March. quincaillier	Angers (Maine-et-Loire)	640
»	Ferret.......	....	Id.	280
»	Ferret.......	....	Id.	360
FEUILLOY......	Feuilloy (Mlle)	Instituteur	Beauchamps (Somme)...	150
FEUNETTE	Feunette.....	Tisserand	Beauzée (Meuse).......	200
FEUTREZ.......	Feutrez......	Propriétaire......	Montdidier (Somme)...	480
FILLEUL.......	Filleul.......	Propriétaire......	Paris (Seine)..........	500
FILLION........	....	Maître serrurier...	Louvres (Seine-et-Oise)	1,000
»	Fillion (Mlle).	....	Id.	700
»	Fillion.......	....	Id.	300

NOMS DES SOUSCRIPTEURS.	NOMS DES ASSURÉS.	PROFESSIONS.	DEMEURES.	Sommes
FILSJEAN......	Filsjean......	Bijoutier.........	Paris (Seine)..........	1,000
FIQUET........	Fiquet.......	Chapelier.......	Perpignan (Pyrénées-O.)	200
FLANDRIN père.	Flandrin.....	Huissier..........	Abbeville (Somme).....	300
FLEURET.......	Fleuret......	Marchand bijoutier.	Montdidier (Somme)...	650
FLEURET......	Fleuret......	Chef de pont......	St-Leu (Oise)..........	1,500
FLEURIOT......	Fleuriot......	Imprimeur.......	Le Mans (Sarthe)......	1,000
FLEUROT......	Fleurot.....	Négociant........	St-Jean-de-l'Osne (Côte-d'Or.	700
FLEURY........	Fleury.......	Tabletier.........	Fercourt (Oise)........	630
FLEURY-SOLON	Fleury-Solon.	Négociant........	St-Macaire (Gironde)...	270
FLORIMOND-ROUX.	Parmentier...	Marchand........	Doullens (Somme)......	1,000
FLOURE........	....	Propriétaire......	Rethonvillers (Somme).	2,400
»	Floure.......	....	Id.	1,200
»	Floure (Mlle).	....	Id.	1,200
FOLLET........	Follet	Boulanger........	Feuquières (Oise)......	1,000
FOLLET........	Follet.......	Instituteur........	Carrépuits (Somme)....	500
FOLLIN........	....	Négociant........	Fécamp (Seine-Infér.)..	3,500
»	Follin........	....	Id.	1,000
»	Follin (Mlle)..	....	Id.	1,500
»	Follin (Mlle)..	....	Id.	1,000
FONTAINE.....	....	Cordonnier......	Villers (Ardennes).....	500
»	Fontaine.....	....	Id.	300
»	Fontaine (Mme).	....	Id.	100
»	Fontaine.....	....	Id.	100
FONTAINE (Mlle)	Fontaine.....	Rentière.........	Montmorency (Aube)...	100
FONTANEL.....	....	Ancien greffier....	Mâcon (Saône-et-Loire).	1,000
»	Fontanel.....	....	Id.	500
»	Fontanel.....	....	Id.	500
FORDINOIS.....	Fordinois (Mlle).	Instituteur.......	Beauvais (Oise)........	300

NOMS DES SOUSCRIPTEURS.	NOMS DES ASSURÉS.	PROFESSIONS.	DEMEURES.	Sommes
FORDRIN	....	Bijoutier	Paris (Seine)..........	1,600
»	Fordrin......	....	Id.	800
»	Fordrin......	....	Id.	800
FORESTIER.....	....	Marchand bouch..	Gournay-en-Bray (Seine-Inférieure).	3,120
»	Forestier.....	....	Id.	1,470
»	Forestier (Mlle).	....	Id.	1,650
FORGET........	Forget.......	Propriétaire	Lisieux (Calvados).....	500
FORNIER.......	Fornier......	Pharmacien.......	Paris (Seine)	2,000
FORNIER.......	....	Propriétaire......	Bordeaux (Gironde)	487
»	Fornier......	....	Id.	241
»	Fornier (Mlle)	....	Id.	246
FOUCHÉ........	....	Propriétaire......	Paris (Seine)..........	2,400
»	Fouché (Mlle).	....	Id.	1,200
»	Fouché	....	Id.	1,200
FOUCHÉ........	....	Ancien notaire....	Le Mans (Sarthe)......	2,000
»	Fouché	....	Id.	1,000
»	Fouché	....	Id.	1,000
FOUGEROUSSE .	Fougerousse..	Baigneur.........	Lyon (Rhône).........	500
FOUGEROUSSE .	Fougerousse..	Boulanger........	Metz (Moselle.)........	380
FOUIGNET	Fouignet.....	Chirurgien	Gensac (Gironde).......	3,135
FOULON........	Foulon	Maréchal.........	Commercy (Seine-et-O.)	500
FOULON-DUPUIS	....	Maître tourneur...	Noailles (Oise).........	2,005
»	Dupuis (Mme).	....	Id.	690
»	Foulon.......	....	Id.	690
»	Foulon	....	Id.	625
FOULON........	Foulon (Mlle).	Tourneur	Noailles (Oise).........	585
FOUQUÉ........	Fouqué	Maître de pension.	Le Mans (Sarthe)......	250
FOUQUET.......	....	Fileur	Bernay (Eure).........	150

NOMS DES SOUSCRIPTEURS.	NOMS DES ASSURÉS.	PROFESSIONS.	DEMEURES.	Sommes
FOUQUET... ...	Fouquet......	....	Bernay (Eure)..........	50
»	Fouquet......	....	Id.	50
»	Fouquet......	....	Id.	50
FOURCADE.....	....	Propriétaire.......	Montgaillard (Hautes-P.)	590
»	Fourcade.....	....	Id.	190
»	Fourcade (Mlle).	....	Id.	400
FOURCAUL......	Fourcaul.....	Rentier	Mirecourt (Vosges)	400
FOURMONT.....	Fourmont....	Coiffeur..........	Cenon-Labastide (Gironde).	1,125
FOURNIER	....	Négociant........	Marseille (Bouches-du-Rhône).	2,100
»	Fournier.....	....	Id.	1,020
»	Fournier(Mlle)	....	Id.	1,080
FOURNIVAL....	Fournival	Négociant........	Rethel (Ardennes)......	1,980
FOURRÉ........	Fourré	Propriétaire	Rouen (Seine-Infér.) ...	1,000
FOYATIER	....	Sculpteur	Paris (Seine)...........	12,600
»	Foyatier (Mlle)	....	Id.	6,300
»	Foyatier (Mlle)	....	Id.	6,300
FRANÇOIS......	....	Adjudant, 8e régim. d'artillerie.	Toulouse (Haute-Gar.) ..	2,000
»	François(Mlle)	....	Id.	1,000
»	François(Mlle)	....	Id.	1,000
FRANÇOIS......	François(Mlle)	Fabricant	Amiens (Somme).......	250
FRANÇOIS......	....	Propriétaire	Gruny (Somme)	2,100
»	François(Mlle)	....	Id.	800
»	François	....	Id.	1,300
FRANÇOIS dit GENTILHOMME	François	Sabotier..........	Lucheux (Somme)......	500
FRANÇOIS.......	François (Mme).	Conseiller	Paris (Seine)...........	1,200
FRANÇOIS......	....	Fabricant.........	Amiens (Somme)........	1,000
»	François(Mlle)	....	Id.	250
»	François(Mlle)	....	Id.	250

NOMS DES SOUSCRIPTEURS.	NOMS DES ASSURÉS.	PROFESSIONS.	DEMEURES.	Sommes
FRANÇOIS......	François	....	Amiens (Somme)........	250
»	François (Mme).	....	Id.	250
FRANÇOIS......	François	Marchand de vin ..	Montmartre (Seine).....	2,260
FRÉNET	....	Coiffeur..........	Paris (Seine)	4,200
»	Frénet	....	Id.	1,400
»	Frénet	....	Id.	1,400
»	Frénet	....	Id.	1,400
FRÉZARD	Frézard	Notaire honoraire..	Strasbourg (Bas-Rhin)..	1,000
FRICHOU.......	....	Receveur des contributions indir..	Montendre (Charente-I.)	2,000
»	Frichou......	....	Id.	1,000
»	Frichou......	....	Id.	1,000
FRIESE	....	Docteur-médecin..	Hangest (Somme)......	3,000
»	Friese........	....	Id.	1,500
»	Friese........	....	Id.	1,500
FRITSCH	Fritsch.......	Meunier..........	Mirambeau (Charente-Inférieure).	1,200
FROCOURT	....	Limonadier.......	Bernay (Eure).........	275
»	Frocourt	....	Id.	75
»	Frocourt (Mme).	....	Id.	100
»	Frocourt	....	Id.	100
FUCHEZ........	Fuchez.......	Agent de change..	Lyon (Rhône).........	5,000
GADOIS	....	Ecrivain	Bernay (Eure)	200
»	Gadois.......	....	Id.	50
»	Gadois (Mme).	....	Id.	50
»	Gadois (Mlle).	....	Id.	50
»	Gadois (Mlle).	....	Id.	50
GAGNERIE	Sévin	Institut. primaire..	Souligné-sur-Vallon (Sarthe).	250
GAGNOT........	....	Instituteur........	Losne (Côte-d'Or)......	450
»	Gagnot.......	....	Id.	300

NOMS DES SOUSCRIPTEURS.	NOMS DES ASSURÉS.	PROFESSIONS.	DEMEURES.	Sommes
GAGNOT........	Gagnot (Mlle).	....	Losne (Côte-d'Or)......	150
GAILLARD.....	Gaillard......	Négociant........	Cenon-Labastide (Gironde).	3,900
GALIMARD (Mlle).	Galimard (Mlle).	Rentière........	Montreuil (Seine)......	2,200
GALLAND (Mlle)	Galland......	Rentière.........	Nancy (Meurthe).......	500
GALLÉ.........	Gallé........	Marchand épicier..	Senlis (Oise)..........	3,200
GALLET........	Gallet........	Entrepositaire de sucre.	Marseille (Bouches-du-Rhône).	3,000
GALLET........	Gallet........	Entrepreneur de bâtiments.	Beaulieu (Oise)........	500
GALLIAN.......	Gallian.......	Chef de bur. à la dir. des cont. dir.	Le Mans (Sarthe).......	1,000
GALLIOT.......	Galliot.......	Propriétaire......	La Maison-Blanche (Charente).	300
GANCEL (Mlle)..	Gancel (Mlle).	Rentière.........	Paris (Seine)..........	100
GAND..........	Gand (Mme)..	Tourn. en chaises..	Fécamp (Seine-Infér.)..	200
GANDRATS.....	....	Notaire et maire..	Saint-Palais (Hautes-Pyrénées).	750
»	Gandrats.....	....	Id.	375
»	Gandrats.....	....	Id.	375
GARAIT........	....	March. de cuirs ...	Paris (Seine)..........	1,750
»	Garait.......	....	Id.	250
»	Garait.......	....	Id.	1,500
GARCHERY.....	Garchery (Mme).	Propriétaire......	Couches (Saône-et-Loire)	300
GARCIN........	....	Id.	Lyon (Rhône).........	2,000
»	Garcin.......	....	Id.	1,000
»	Garcin (Mme).	....	Id.	1,000
GARDÈS........	Gardès......	Blanchisseur......	Paris (Seine)..........	1,000
GARIBOU (Mme).	Deprat.......	Rentière.........	Marseille (Bouches-du-Rhône).	1,200
GARITEY.......	....	Entrepreneur de bâtiments.	Saint-Loubès (Gironde).	1,000
»	Garitey (Mlle).	....	Id.	350
»	Garitey......	....	Id.	350
»	Garitey......	....	Id.	300
GARNEAU......	Garneau (Mlle)	Propriétaire......	Blois (Loir-et-Cher)....	4,050

NOMS DES SOUSCRIPTEURS.	NOMS DES ASSURÉS.	PROFESSIONS.	DEMEURES.	Sommes
GARNIER (Ve)..	Garnier (Ve)..	Maîtresse de pens. bourgeoise.	Paris (Seine)...........	4,435
GARNIER.......	Garnier	Cordonnier.......	Autun (Saône-et-Loire).	540
GARNIER.......	Garnier	Propriétaire	Commercy (Seine-et-O.)	750
GASC..........	Gasc.........	Avocat agréé......	Toulouse (Haute-Gar.)..	3,000
GASSIES........	....	Cultivateur.......	Saint-Loubès (Gironde).	500
»	Gassies.......	....	Id.	250
»	Gassies.......	....	Id.	250
GAUDEFROY ...	....	Propriétaire	Roye (Somme)	3,000
»	Gaudefroy (Mlle).	....	Id.	800
»	Gaudefroy (Mlle).	....	Id.	700
»	Gaudefroy (Mlle).	....	Id.	650
»	Gaudefroy (Mlle).	....	Id.	850
GAUDISSART...	Lecul	Propriétaire	Crillon (Oise)..........	1,500
GAUDOT	....	Menuisier........	Cenon-Labastide (Gironde).	2,160
»	Gaudot (Mlle).	....	Id.	1,080
»	Gaudot (Mlle).	....	Id.	1,080
GAUDUCHON ...	....	Couvreur.........	Paris (Seine)	1,200
»	Gauduchon...	....	Id.	600
»	Gauduchon (Mme).	....	Id.	600
GAUTHIER	....	Inspecteur des écoles primaires.	Melun (Seine-et-Marne).	3,400
»	Gauthier	....	Id.	1,700
»	Gauthier	....	Id.	1,700
GAUTIER.......	Gautier	Rentier..........	Marseille (Bouches-du-Rhône).	500
GAUTRIAUD....	....	Propriétaire	Mirambeau (Charente-I.)	1,500
»	Gautriaud....	....	Id.	500
»	Gautriaud (Mlle).	....	Id.	500
»	Gautriaud.... (Mlle).	....	Id.	500
GAVIGNOT	Gavignot.....	Avoué	Paris (Seine)	1,000

NOMS DES SOUSCRIPTEURS.	NOMS DES ASSURÉS.	PROFESSIONS.	DEMEURES.	Sommes
GAY............	Gay (Mlle)....	Maréchal ferrant..	Romans (Drôme)	400
GAYE..........	Gaye	Id.	Cunny (Oise)..........	530
GELÉE (Ve).....	Gelée (Ve)....	Marchande de vin traiteur.	Le Bas Meudon (Seine-et-Oise).	2,510
GENET.........	....	Boulanger........	Mirambeau (Char.-Inf.).	1,000
»	Genet........	....	Id.	500
»	Genet........	....	Id.	500
GENGEL........	Gengel.......	Rentière	Paris (Seine)...........	1,000
GÉNIN..........	Sironneau (Mme).	Rentier	Sarbourg (Meurthe)....	500
GENTIL........	Gentil (Mlle).	Bonnetier	Estissac (Aube)........	200
GENTILHOMME.	Gentilhomme.	Maire.............	Guerre (Maine-et-Loire).	200
GENTILZ.......	....	Carrossier	Paris (Seine)	4,040
»	Genitlz	....	Id.	1,880
»	Gentilz (Mlle).	....	Id.	2,160
GENTILS........	Gentils.......	Peintre	Paris (Seine)...........	1,050
GEOFFROY.....	....	Notaire...........	Roanne (Loire)........	1,000
»	Geoffroy(Mlle)	....	Id.	500
»	Geoffroy(Mlle)	....	Id.	500
GEORGE........	....	Hôtelier..........	Nancy (Meurthe)......	1,000
»	George	....	Id.	500
»	George.......	....	Id.	500
GEORGE........	George	Menuisier	Toulouse (H.-Garonne).	100
GÉRARD	....	Serrurier.........	Torcy (Ardennes)......	416
»	Gérard.......	....	Id.	216
»	Gérard.......	....	Id.	200
GÉRARD........	....	Propriétaire	Paris (Seine)..........	500
»	Gérard.......	....	Id.	166
»	Gérard.......	....	Id.	166
»	Gérard.......	....	Id.	168

NOMS DES SOUSCRIPTEURS.	NOMS DES ASSURÉS.	PROFESSIONS.	DEMEURES.	Sommes
GÉRARD (Mlle).	Gérard (Mlle).	Rentière	Laneuville (Ardennes)..	1,200
GÉRARD.	....	Propriétaire	Lisieux (Calvados)......	1,650
»	Gérard.......	Propriétaire	Id.	550
»	Gérard.......	....	Id.	550
»	Gérard (Mme).	....	Id.	550
GÉRARD.......	....	Laitier.	Bobigny (Seine).......	2,325
»	Gérard.......	....	Id.	1,200
»	Gérard	....	Id.	1,125
GÉRARD	Gérard.......	Limonadier.......	Chambly (Oise)........	90
GÉRET	....	Cordonnier.......	St-Martin (Calvados)...	300
»	Géret........	....	Id.	100
»	Géret........	....	Id.	100
»	Géret (Mme)..	....	Id.	100
GÉRIN	....	Maréchal-des-logis au 14e d'artillerie.	Lyon (Rhône)	1,500
»	Gérin (Mlle)..	....	Id.	300
»	Gérin (Mlle)..	....	Id.	200
»	Gérin (Mme)..	....	Id.	300
»	Gérin........	....	Id.	400
»	Gérin........	....	Id.	300
GERMAIN	....	Maître serrurier...	Paris (Seine)	6,540
»	Germain (Mme).	....	Id.	3,540
»	Germain	....	Id.	3,000
GERMAIN	Germain	Plaqueur sur arg..	Paris (Seine)..........	3,000
GERMIER	Germier	Charpentier	Lanta (H.-Garonne)....	500
GÉRY	Géry.........	Patron sur Saône.	St-Usage (Côte-d'Or)...	800
GESLIN	Geslin.......	Libraire..........	La Flèche (Sarthe).....	500
GEX............	Gex.........	Propriétaire	Belleville (Seine).......	595
GILBERT.......	Gilbert... ...	Menuisier........	Anthony (Ardennes) ...	450

NOMS DES SOUSCRIPTEURS.	NOMS DES ASSURÉS.	PROFESSIONS.	DEMEURES.	Sommes
GILQUIN	Gilquin......	Propriétaire	Château-Thierry (Aisne)	1,020
GIRARD........	Baratte	Agent d'affaires...	Lons-le-Saulnier (Jura).	1,000
GIRARD........	....	Négociant	Paris (Seine)..........	400
»	Girard (Mme).	....	Id.	100
»	Alliaume.....	....	Id.	300
GIRARDIN......	Girardin	Meunier..........	St-Martin (Marne).....	750
GIRAUD........	....	Marchand cordier.	Beaumont (Seine-et-O.).	4,150
»	Giraud.......	....	Id.	730
»	Giraud (Mlle).	....	Id.	1,030
»	Giraud.......	....	Id.	620
»	Giraud (Mlle).	....	Id.	1,020
»	Giraud (Mlle).	....	Id.	750
GIRAULT.......	Girault.......	Négociant.........	Besançon (Doubs)......	1,500
GIRAUT.......	....	Employé	Paris (Seine)..........	1,000
»	Giraut (Mme).	....	Id.	500
»	Giraut	....	Id.	500
GLÆYXES.......	Gleyxes	Charcutier........	Arpajon (Seine-et-Oise).	550
GLOCK.........	Glock........	Brasseur	Strasbourg (Bas-Rhin).	500
GOBBÉ	....	Propriétaire......	La Palisse (Allier)......	3,540
»	Gobbé (Mlle).	....	Id.	900
»	Gobbé.......	....	Id.	900
»	Gobbé	....	Id.	900
»	Gobbé	....	Id.	840
GOBIN..........	Gobin	Propriétaire	St-Martin (Marne).....	500
GOBRON........	Gobron	Cultivateur.......	Lavalmorency (Ardenn.)	200
GOBRON........	Gobron (Mlle).	Négociant........	Rosoy-sur-Serre (Aisne).	3,220
GODBERT......	....	Négociant	Roye (Somme).........	2,600
»	Godbert.....	....	Id.	800

NOMS DES SOUSCRIPTEURS.	NOMS DES ASSURÉS.	PROFESSIONS.	DEMEURES.	Sommes
GODBERT......	Godbert......	....	Roye (Somme).........	800
»	Godbert......	....	Id.	1,000
GODEFROY.....	Godefroy.....	Trésorier à l'Association normande	Caen (Calvados).......	5,000
GODRANT......	Godrant......	Principal clerc de notaire.	Abbeville (Somme).....	100
GOILLIOT......	Goilliot (Mlle).	Rentier..........	Besançon (Doubs).	1,000
GOISSET........	....	Maître de poste...	Dijon (Côte-d'Or)......	4,250
»	Goisset.......	....	Id.	2,250
»	Goisset (Mlle).	....	Id.	600
»	Goisset.......	....	Id.	800
»	Goisset.......	....	Id.	600
GONTIÉ........	....	Traiteur.........	Toulouse (H.-Garonne).	900
»	Gontié (Mlle).	....	Id.	300
»	Gontié.......	....	Id.	300
»	Gontié.......	....	Id.	300
GONTIER.......	Gontier......	Curé desservant. .	Laucourt (Somme).....	1,000
GORDON.......	....	Consul britannique	Havre (Seine-Inférieure)	24,750
»	Gordon......	....	Id.	5,000
»	Gordon......	....	Id.	3,000
»	Tarant.......	....	Id.	1,250
»	Gordon (Mlle).	....	Id.	3,000
»	Parur........	....	Id.	1,250
»	Gordon......	....	Id.	3,000
»	Gordon......	....	Id.	2,500
»	Gordon (Mlle).	....	Id.	3,000
»	Gordon......	....	Id.	2,500
»	Noyès.......	....	Id.	125
»	Noyès.......	....	Id.	125
GORET.........	....	Marchand de bois.	St-Marc (Seine-et-Marne)	1,000

NOMS DES SOUSCRIPTEURS.	NOMS DES ASSURÉS.	PROFESSIONS.	DEMEURES.	Sommes
GORET.........	Goret........	....	Gruny (Somme)	500
»	Goret (Mme)..	....	Id.	500
GORET.........	Goret........	Charron..........	Noisy-le-Sec (Seine)...	525
GORLIER.......	Chevalier.....	Limonadier.......	Albert (Somme)........	500
GOSSERON.....	Gosseron.....	Charpentier.......	Fontainebleau (Seine-et-Marne).	550
GOSSET........	....	Rentier..........	Havre (Seine-Inférieure)	1,750
»	Gosset.......	....	Id.	750
»	Gosset (Mlle)..	....	Id.	1,000
GOSSET........	Gosset.......	Propriétaire......	Villecourt (Somme)....	1,200
GOUERY (Mlle).	Gouery (Mlle).	Rentière.........	Angers (Maine-et-Loire)	150
GOUERY (Ve)...	Gouery (Ve)..	....	Id.	50
GOULET........	Cochegrue....	Propriétaire......	Mitry (Seine-et-Marne).	800
GOURLET......	Gourlet......	Pâtissier..........	Gournay en Bray (Seine-Inférieure).	1,900
GOURLET......	Gourlet......	Tourneur en bois.	Moncby-Humière (Oise).	150
GRAND.........	Grand.......	Rentière.........	Belleville (Seine).......	3,000
GRAND.........	Grand (Mlle)..	Maréchal.........	Louvres (Seine-et-Oise).	450
GRANCHAMPS..	Grandchamps (Mlle).	Propriétaire.... ..	Laroche-Chalais ( ).	200
GRANET.......	Granet.......	Rentier..........	Marseille (B.-du-Rhône)	3,000
GRANDGEON...	....	Coutelier.........	Romans (Drôme)......	400
»	Grangeon....	....	Id.	200
»	Grangeon....	....	Id.	200
GRAPIN........	Grapin.......	Géomètre........	Dijon (Côte-d'Or)......	500
GRASSET (Mlle).	Grasset (Mlle).	Rentière.........	Bordeaux (Gironde)....	1,740
GRAVELOTTE..	Gravelotte (Mlle).	Agent d'assurances	La Ferté (Sedan)......	300
GRAVOIS.......	....	Employé.........	Paris (Seine)..........	1,400
»	Gravois......	....	Id.	500
»	Gravois (Mme)	....	Id.	500
»	Gravois......	....	Id.	400

NOMS DES SOUSCRIPTEURS.	NOMS DES ASSURÉS.	PROFESSIONS.	DEMEURES.	Sommes
GRÉBAULT.....	Grébault.....	Propriétaire......	Gonesse (Seine-et-Oise).	2,400
GRÉNIER dit BRIERE.	....	Maréchal.........	Bernay (Eure).........	600
»	Grénier (Mlle).	....	Id.	200
»	Grénier......	....	Id.	200
»	Grénier (Mme)	....	Id.	200
GRÉVIN........	... .	Fermier.........	St-Leu (Oise).........	4,460
»	Grévin (Mlle).	....	Id.	1,530
»	Grévin (Mlle).	....	Id.	1,430
»	Grévin.......	....	Id.	1,500
GRICOURT.....	Gricourt.....	Propriétaire......	Aumâtre (Somme).....	100
GRILLIER......	....	Fabr. d'horlogerie.	Besançon (Doubs).....	3,000
»	Grillier (Mlle).	....	Id.	1,500
»	Grillier......	....	Id.	1,500
GRILLOU (Ve)..	Langlois dit Grillou.	Rentière.........	Ablon (Seine-et-Oise)...	250
GRIMOIN.......	Grimoin......	Blanchisseur......	Rochefoucault (Seine)..	1,080
GRIMOIN.......	....	....	Boulogne (Seine).......	500
»	Grimoin......	....	Id.	100
»	Grimoin (Mme)	....	Id.	100
»	Grimoin......	....	Id.	100
»	Grimoin (Mlle)	....	Id.	100
»	Grimoin (Mlle)	....	Id.	100
GROFFIER.....	Poupon......	Maire...........	Chambolle (Côte-d'Or).	1,600
GROSE.........	Grose........	Instituteur........	Beauzée (Meuse).......	100
GROSPELLIER..	Grospellier (Mme).	Rentier..........	Besançon (Doubs)......	1,000
GROSSEMY.....	Grossemy....	Fabricant de panne	Lucheux (Somme)......	300
GROUT.........	Grout (Mlle)..	Propriétaire......	Bobigny (Seine).......	550
GUDE.........	....	Marchand tailleur.	Paris (Seine)...........	2,500
»	Gude........	....	Id.	1,250

NOMS DES SOUSCRIPTEURS.	NOMS DES ASSURÉS.	PROFESSIONS.	DEMEURES.	Sommes
GUDE..........	Gude (Mme)..	....	Paris (Seine)..........	1,250
GUENET........	....	Garde champêtre..	Gros-Theil (Eure)......	300
»	Guenet.......	....	Id.	150
»	Guenet.......	....	Id.	150
GUÉRET........	Guéret.......	Charron..........	Mitry (Seine-et-Marne).	1,500
GUÉRINET......	Guérinet.....	Menuisier........	St-Dizan-du-Bois (Charente-Inférieure).	1,000
GUERNUT......	....	Cultivateur.......	Seraincourt (Ardennes).	3,400
»	Guernut......	....	Id.	1,800
»	Guernut (Mlle)	....	Id.	1,600
GUERRE (Ve)...	Guerre (Ve)...	Chapelière........	Langon (Gironde)......	1,200
GUEUSSOT......	....	Rentier..........	Paris (Seine)..........	1,000
»	Blanchet.....	....	Id.	500
»	Gueussot.....	....	Id.	500
GUGNON-DOSSE.	Gugnon-Dosse (Mlle).	Fabric. de chaudr.	Metz (Moselle).........	1,800
GUICHARD.....	....	Ouvrier..........	Fontainebleau (Seine-et-Marne).	550
»	Guichard.....	....	Id.	275
»	Guichard.....	....	Id.	275
GUIGNARD......	Guignard.....	Rentier..........	Lyon (Rhône)..........	800
GUIGNARD.....	Guignard (Mlle).	Propriétaire......	Vigny (Seine-et-Oise)..	1,400
GUILBERT......	....	Maître boulanger..	Roye (Somme)........	1,500
»	Guilbert.....	....	Id.	850
»	Guilbert.....	....	Id.	650
GUILBERT......	....	Propriétaire......	Dijon (Côte-d'Or)......	3,900
»	Monjet.......	....	Id.	2,200
»	Monjet.......	....	Id.	1,700
GUILHEMANSON	Tricoche (Mlle).	Banquier.........	Bordeaux (Giroude)....	2,755
GUILLAIN......	Guillain......	Propriétaire......	Trohen-le-Gr. (Somme).	100
GUILLAUME....	....	Propriétaire......	Paris (Seine)...........	400

NOMS DES SOUSCRIPTEURS.	NOMS DES ASSURÉS.	PROFESSIONS.	DEMEURES.	Sommes
GUILLAUME....	Guillaume....	....	Paris (Seine)..........	100
»	Guillaume (Mlle).	....	Id.	300
GUILLAUMET...	Guillaumet...	Femme de confi. au Palais-Royal.	Châlons-sur-Marne (Marne).	500
GUILLAUMIN...	....	Tailleur.........	Paris (Seine)..........	300
»	Guillaumin...	....	Id.	150
»	Guillaumin (Mme).	....	Id.	150
GUILLE........	Guille (Mlle)..	Maître jardinier...	Suresne (Seine).......	40
GUILLEMARD..	....	Épicier..........	Paris (Seine)..........	22,790
»	Guillemard...	....	Id.	8,000
»	Guillemard...	....	Id.	4,000
»	Vernier (Mme)	....	Id.	4,000
»	Guillemard...	....	Id.	4,000
»	Guillemard...	....	Id.	2,790
GUILLEMETTE..	Guillemette...	Négociant........	Feuquières (Oise)......	450
GUILLEMI-NAULT.	....	Maçon..........	Paris (Seine)..........	2,030
»	Guilleminault.	....	Id.	1,000
»	Guilleminault (Mlle).	....	Id.	1,030
GUILLEMONT...	....	Propriétaire......	Verpillière (Somme)....	3,000
»	Guillemont (Mlle).	....	Id.	900
»	Guillemont (Mlle).	....	Id.	825
»	Guillemont...	....	Id.	800
»	Guillemont (Mlle).	....	Id.	475
GUILLER.......	....	Propriétaire......	Paris (Seine)..........	500
»	Guiller.......	....	Id.	250
»	Guiller (Mlle).	....	Id.	250
GUILLET.......	Guillet.......	Rentier..........	Paris (Seine)..........	500
GUILLIER (Mme)	Guillier (Mme)	Rentière.........	Paris (Seine)..........	500
GUILLON (Mme).	Guillon......	Id.	Commercy (Seine-et-O.)	500

NOMS DES SOUSCRIPTEURS.	NOMS DES ASSURÉS.	PROFESSIONS.	DEMEURES.	Sommes
GUILLON.......	....	Cordonnier.......	Commercy (Seine-et-O.).	575
»	Guillon	....	Id.	375
»	Guillon (Mlle)	....	Id.	200
GUILLOT.... ..	Guillot.......	Garde particulier..	Champigny (Yonne)....	200
GUILLOT (Mlle)..	Guillot (Mlle).	Rentière.........	St-Marcellin (Isère)....	500
GUILLOTTEAUX	Guillotteaux..	Propriétaire......	Laneuville (Ardennes)..	200
GUILLOU.......	Guillou	Poseur marbrier..	Paris (Seine)..........	500
GUINGOT.......	Guingot (Mlle)	Propriétaire......	Paris (Seine)..........	1,000
GUTTON........	....	Meunier..........	Rive-de-Giers (Loire)..	1,000
»	Gutton.......	....	Id.	500
»	Gutton.......	....	Id.	500
GUYARD........	Guyard	Gendarme.......	Chambellay (Maine-et-L.)	200
GUYON.........	Guyon	Marchand épicier..	Magny (Seine-et-Oise)..	1,200
GUYOT.........	....	Employé.........	Paris (Seine)..........	500
»	Guyot (Mme)..	....	Id.	250
»	Guyot........	....	Id.	250
GUYOT..	Guyot........	Rentier..........	Paris (Seine)..........	4,000
GUYOT.........	....	Propriétaire......	Montreuil (Seine)......	3,775
»	Guyot........	....	Id.	2,080
»	Guyot........	....	Id.	710
»	Guyot........	....	Id.	985
HACOT.........	Hacot (Mlle)..	Ferblantier.......	Albert (Somme)........	800
HADENGUE.....	Hadengue....	Propriétaire......	Étalon (Somme)........	1,000
HALLEGRAIN..	....	March de chaussur.	Paris (Seine)..........	15,390
»	Hallegrain (Mme).	....	Id.	2,550
»	Hallegrain....	....	Id.	2,470
»	Hallegrain (Mlle).	....	Id.	5,290
»	Leroy (Mlle)..	....	Id.	5,080

NOMS DES SOUSCRIPTEURS.	NOMS DES ASSURÉS.	PROFESSIONS.	DEMEURES.	Sommes
HALLEGRAIN...	Levasseur....	Marc. de chaussur.	Paris (Seine)..........	4,550
HALLEZ........	Hallez	Pharmacien.......	Clermont (Meuse)......	200
HAMARD.......	Hamard(Mlle).	Pharmacien	Fresnay-le-Vicomte (Sarthe).	4,000
HAMEL.........	....	Instituteur	Bernay (Eure).........	225
»	Hamel (Mlle).	....	Id.	75
»	Hamel	....	Id.	75
»	Hamel	....	Id.	75
HAMÉLIN.......	Hamélin (Mlle)	Rentier..........	Fontenay-lès-Louvres (Seine-et-Oise).	500
HAMÉLIN.......	....	Fermier	Id.	1,470
»	Hamélin (Mlle)	....	Id.	1,050
»	Hamélin	....	Id.	420
HANRIOT.......	Hanriot......	Prêtre............	Laperrière (Côte-d'Or)..	2,000
HARDIER.......	Hardier	Propriétaire	Septfour (Somme).......	550
HARDOUIN	....	Rentier	Briolay (Maine-et-Loire)	2,520
»	Delauney.....	....	Id.	500
»	Hardouin.....	....	Id.	2,020
HARDOUIN	....	Boulanger........	Paris (Seine)..........	510
»	Hardouin.....	....	Id.	210
»	Hardouin (Mlle).	....	Id.	300
HARDY.........	....	Limonadier.......	Paris (Seine)..........	6,000
»	Hardy........	....	Id.	3,000
»	Hardy (Mlle).	....	Id.	3,000
HARLÉ.........	Harlé........	Propriétaire......	Caix (Somme)	950
HAROUARD	....	Tourneur en chais.	Le Havre (Seine-Infér).	750
HAUDEBOURT..	Haudebourt...	Marchand bottier..	Gournay-en-Bray (Seine-Inférieure).	2,710
HAUS dit MAISON	Haus dit Maison.	Fabr. de tabletterie	Paris (Seine)..........	1,000
HAVET.........	....	Débitant	Rethonvillers (Somme).	1,060
»	Herbert......	....	Id.	300

NOMS DES SOUSCRIPTEURS.	NOMS DES ASSURÉS.	PROFESSIONS.	DEMEURES.	Sommes
HAVET.........	Herbert......	....	Rethonvillers (Somme).	260
»	Herbert (Mlle)	....	Id.	180
»	Herbert......	....	Id.	320
HAYOT.........	Hayot........	Fabricant de toile..	Mamers (Sarthe).......	520
HÉBERT........	....	Bottier...........	Roye (Somme).........	580
»	Hébert.......	....	Id.	380
»	Hébert (Mlle).	....	Id.	200
HEDELIN.......	Hedelin......	Voiturier.........	Tremblay (Seine-et-Oise)	1,125
HELLOT (Mlle).	Bourdon	Rentière	Bolbec (Seine-Inférieure)	2,000
HÉNAUT........	Hénaut (Mlle).	Marchand........	Beuvraignes (Somme)..	450
HÉNÉAUX......	Hénéaux	Cultivateur.......	Grandrieux (Aisne).....	1,000
HENNE-DUGUET	....	....	Mainbressy (Ardennes)..	950
»	Henne (Mlle).	....	Id.	450
»	Henne.......	....	Id.	500
HENNEGRAVE..	....	Bâtonnier	Villers-St-Sépulcre (Oise)	500
»	Hennegrave ..	....	Id.	250
»	Hennegrave ..	....	Id.	250
HENNEGRAVE..	Hennegrave ..	Cultivateur.......	Berthecourt (Oise).....	250
HENRIETTE	Henriette (Mlle).	Charron.........	Gonesse (Seine-et-Oise).	1,200
HENRION.......	....	Propriétaire......	Tekange (Moselle.).....	9,000
»	Henrion (Mlle)	....	Id.	4,500
»	Henrion (Mlle)	....	Id.	4,500
HENRY........	....	Instituteur........	Feuquières (Oise)	1,000
»	Henry	....	Id.	500
»	Henry (Mme).	....	Id.	500
HÉRAIT........	....	Tailleur..........	Marines (Seine-et-Oise).	2,000
»	Hérait (Mlle).	....	Id.	500
»	....	....	Id.	500

NOMS DES SOUSCRIPTEURS.	NOMS DES ASSURÉS.	PROFESSIONS.	DEMEURES.	Sommes
HÉRAIT........	Hérait	....	Marines (Seine-et-Oise).	500
»	Hérait (Mlle).	....	Id.	500
HERBÉ.........	Herbé.........	Propriétaire	Reims (Marne)	1,000
HERBULOT.....	Herbulot.....	Rentier..........	Paris (Seine)	500
HÉRELLE	Hérelle.......	Profess. au collége.	Château-Thierry (Aisne)	1,270
HERMANT......	....	Maçon	Warluis (Oise).........	1,550
»	Hermant	....	Id.	750
»	Hermant(Mlle)	....	Id.	800
HERMEL (Ve)...	Lemaître......	Rentière........	Bolbec (Seine-Inférieure)	750
HERNANDEZ....	Hernandez ...	Rentier	Bordeaux (Gironde).....	6,750
HÉRON (DE)	....	Entrepreneur de maçonnerie.	Belleville (Seine)	1,000
»	Héron (de)...	....	Id.	250
»	Héron(Mlle de)	....	Id.	250
»	Héron (de)...	....	Id.	250
»	Héron (de) ...	....	Id.	250
HERVAUX	Hervaux......	Meunier..........	Fulvert (Somme).......	700
HERVET........	Hervet.......	Contrôleur des contributions dir.	Mamers (Sarthe).......	250
HEUDUIN.......	Heuduin	Propriétaire	Hattencourt (Somme)..	1,800
HEUZET	....	Epicier...........	Rochefoucault (Seine)...	695
»	Heuzet.......	....	Id.	320
»	Heuzet.......	....	Id.	375
HILAIRE	Hilaire.......	Marchand de vin..	Villeneuve-St-Georges (Seine-et-Oise).	900
HOCQUERELLE-BRÉART.	....	Maréchal ferrant..	Forest (Ardennes)......	1,490
»	Hocquerelle (Mlle).	....	Id.	190
»	Hocquerelle ..	....	Id.	170
»	Hocquerelle (Mlle).	....	Id.	130
»	Hocquerelle (Mlle).	....	Id.	120
»	Hocquerelle ..	....	Id.	200

NOMS DES SOUSCRIPTEURS.	NOMS DES ASSURÉS.	PROFESSIONS.	DEMEURES.	Sommes
HOCQUERELLE-BRÉART.	Hocquerelle (Mlle).	....	Forest (Ardennes)	200
»	Hocquerelle (Mlle).	....	Id.	240
»	Hocquerelle (Mlle).	....	Id.	240
HODENT........	Hodent	Cafetier..........	Oisemont (Somme).....	150
HOFER.........	....	Négociant	Viedermors-Chiviller (Haut-Rhin).	2,500
»	Hofer.......	....	Id.	1,250
»	Hofer (Mlle)..	....	Id.	1,250
HOFFMAN......	....	Rentier	Paris (Seine)	500
»	Hoffman......	....	Id.	125
»	Duchesne	....	Id.	125
»	Hoffman......	....	Id.	125
»	Hoffman	....	Id.	125
HORTON (Mlle)..	Horton (Mlle).	March. de modes..	Paris (Seine)	2,000
HOUBAUT	Houbaut	Avocat...........	Neufchâteau (Vosges)...	500
HOURDON......	....	Maître d'hôtel	Gournay en Bray (Seine-Inférieure).	7,080
»	Hourdon	....	Id.	3,540
»	Hourdon (Mlle)	....	Id.	3,540
HOURLIER	....	Maire...........	Saint-Germain-Mont (Ardennes).	2,000
»	Hourlier (Mlle)	....	Id.	1,000
»	Hourlier (Mlle)	....	Id.	1,000
HOURY..... ...	Houry	Marchand épicier.	Paris (Seine)..........	500
HOUSSIN	Houssin......	Ex-capit. du génie.	Paris (Seine)..........	100
HOYET.........	Hoyet	Meunier	Bobigny-la-Folie (Seine)	200
HUARD	Huard	Aubergiste	Bourg-la-Reine (Seine)..	1,000
HUBAULT	Hubault......	Fabricant	Amiens (Somme)........	1,000
HUBERT........	Hubert (Mlle).	Agent-voyer supérieur.	Angoulême (Charente)..	1,000
HUBERT (D').....	....	Fabricant de bas..	Albert (Somme)	625
»	Hubert (d')...	....	Id.	325

NOMS DES SOUSCRIPTEURS.	NOMS DES ASSURÉS.	PROFESSIONS.	DEMEURES.	Sommes
HUBERT........	Hubert (Mlle).	....	Albert (Somme).......	300
HUBLIN........	....	Traiteur	Dammartin (Seine-et-M.)	3,300
»	Sennellier....	....	Id.	1,375
»	Sennellier....	....	Id.	1,100
»	Hublin.......	....	Id.	825
HUET	....	Courtier de comm.	Reims (Marne).........	1,000
»	Huet (Mlle)..	....	Id.	500
»	Huet (Mlle)..	....	Id.	500
HUGONET	....	Chapelier	St-Jean-de-Losne (Côte-d'Or).	840
»	Hugonet	....	Id.	360
»	Hugonet (Mlle)	....	Id.	480
HUGUES........	....	Passementier	Paris (Seine)..........	4,330
»	Hugues (Mlle).	....	Id.	1,240
»	Hugues	....	Id.	960
»	Hugues (Mlle).	....	Id.	980
»	Hugues (Mlle).	....	Id.	1,150
HUIDIEZ........	....	Sculpteur	Lille (Nord)	600
»	Huidiez......	....	Id.	300
»	Huidiez (Mlle)	....	Id.	300
HUIN-BECKER..	....	Propriétaire	Neufchâteau (Vosges)..	9,000
»	Huin.........	....	Id.	3,000
»	Huin.........	....	Id.	3,000
»	Huin (Mlle)...	....	Id.	3,000
HULOT.........	Hulot........	Aubergiste	Airaines (Somme)......	200
HURAUX........	....	Maître maçon.....	Bolbec (Seine-Inférieure)	1,000
»	Huraux	....	Id.	500
»	Huraux	....	Id.	500
HURGUEN......	....	Graveur..........	Bolbec (Seine-Inférieure)	1,500

NOMS DES SOUSCRIPTEURS.	NOMS DES ASSURÉS.	PROFESSIONS.	DEMEURES.	Sommes
HURGUEN	Hurguen(Mlle)	....	Bolbec (Seine-Inférieure)	750
»	Hurguen(Mlle)	....	Id.	750
HUTAIN	Hutain (Mlle).	Rentier	Lille (Nord)..........	450
HUTTER (Ve)...	....	Rentière	Lyon (Rhône.........	500
»	Hutter	....	Id.	250
»	Hutter.......	....	Id.	250
HUTTON........	Hutton.......	Vice-consul britan.	Le Havre (Seine-Infér.).	1,000
IONGH (DE)	....	Propriétaire......	Paris (Seine).........	200
»	De Iongh.....	....	Id.	100
»	De Iongh.....	....	Id	50
»	De Iongh.....	....	Id.	50
ISARN.........	Isarn	Tanneur	Perpignan (Pyrénées-O.)	180
ISORÉ.........	Isoré.........	Propriétaire	Noailles (Oise).........	9,400
ISORÉ.........	Isoré(Mlle)....	Aubergiste	Ste-Geneviève (Oise)...	1,680
JACOMIN (Mlle).	Jacomin (Mlle)	Rentière	Paris (Seine)	3,000
JACOTOT.......	....	Propriétaire	Paris (Seine)	7,700
»	Jacotot.......	....	Id.	1,500
»	Jacotot.......	....	Id.	100
»	Jacotot (Mme).	....	Id.	1,500
»	Jacotot (Mme).	....	Id.	100
»	Jacotot (Mlle).	....	Id.	1,500
»	Jacotot (Mlle).	....	Id.	1,500
»	Penoyée......	....	Id.	500
»	Rondet (Mme).	....	Id.	500
»	Penoyée (Mlle)	....	Id.	500
JACOULET(Mme)	Zaremba	Propriétaire	Beaume-les-Dames (Doubs).	2,000
JACQUELIN.....	....	Jardinier.........	Fontainebleau (Seine-et-Marne).	1,000
»	Jacquelin.....	....	Id.	200

NOMS DES SOUSCRIPTEURS.	NOMS DES ASSURÉS.	PROFESSIONS.	DEMEURES.	Sommes
JACQUELIN.....	Jacquelin	....	Fontainebleau (Seine-et-Marne).	200
»	Jacquelin (Mlle).	....	Id.	200
»	Jacquelin.....	....	Id.	200
»	Jacquelin.....	....	Id.	200
JACQUEMART (Mlle).	Jacquemart...	Propriétaire......	Beauzée (Meuse).......	100
JACQUERIE.....	Jacquerie.....	Propriétaire......	Lille (Nord)...........	500
JACQUES (Ve) née SINGLEBACH.	....	Directeur des post.	Montrouge (Seine).....	300
»	Jacques......	....	Id.	200
»	Jacques......	....	Id.	100
JACQUOT.......	Jacquot......	Cafetier..........	Saint-Symphorien (Côte-d'Or).	800
JAMES..........	James........	Tabletier.........	Sainte-Geneviève (Oise).	1,880
JAMME.........	Jamme.......	Gendarme........	Segré (Maine-et-Loire)..	500
JASSET.........	Jasset........	Limonadier.......	Saint-Jean (Drôme)....	500
JASSON	Jasson (Mlle).	Propriétaire......	Bordeaux (Gironde)....	180
JAUVAT........	....	Ancien courtier de commerce.	Lyon (Rhône).........	5,000
»	Jauvat.......	....	Id.	2,500
»	Jauvat.......	....	Id.	2,500
JEANDELIZE....	Jeandelize (Mlle).	Peintre..........	Metz (Moselle).........	1,000
JEANNIN.......	Jeannin......	Bijoutier.........	Paris (Seine)..........	2,000
JOBARD........	Jobard (Mlle).	Fabricant........	Bar-sur-Aube (Aube)...	100
JOLYOT........	Jolyot (Mlle)..	Capit. en retraite..	Besançon (Doubs)......	1,000
JONET.........	Jonet........	Tapissier.........	Paris (Seine)..........	1,000
JORSANT.......	Jorsant (Mlle).	Maréchal ferrant..	Congé-sur-Orne (Sarthe)	600
JOSSELIN.......	Tricoche(Mlle)	Négociant........	Bordeaux (Gironde)....	5,605
JOUBERT.......	Joubert......	Aubergiste.......	Marines (Seine-et-Oise).	700
JOUET.........	....	March. de charbon de terre.	Toulouse (Haute-Gar.)..	800
»	Jouet........	....	Id.	300
»	Jouet........	....	Id.	500

NOMS DES SOUSCRIPTEURS.	NOMS DES ASSURÉS.	PROFESSIONS.	DEMEURES.	Sommes
JOUIN	....	Doreur sur bois...	Paris (Seine)	20,640
»	Jouin (Mme)..	....	Id.	10,320
»	Jouin	....	Id.	10,320
JOURDAIN (Mlle)	Jourdain(Mlle)	Tanneur	Vernon (Eure).........	2,500
JULIA	....	Secrétaire adjoint de la mairie.	Perpignan(Pyrénées-Or.)	1,000
»	Julia.........	....	Id.	500
»	Julia.........	....	Id.	500
JULIEN.........	Julien........	Géomètre	Noisy-le-Sec (Seine)...	1,000
JULIENNE	....	Tonnelier	Fontainebleau (Seine-et-Marne).	917
»	Julienne......	....	Id.	452
»	Julienne(Mlle)	....	Id.	465
JUMEL	Jumel........	Tabletier.........	Ste-Geneviève (Oise) ...	2,156
JUMEL..........	Jumel (Mlle)..	Charron	Grandvilliers (Oise)....	720
JUNIN	Rousseau.....	Lithographe	Paris (Seine)..........	230
JUVIGNEAU.....	....	Propriét. et maire.	Villevêque (Maine-et-Loire).	6,000
»	Juvigneau (Mme).	....	Id.	1,500
»	Juvigneau....	....	Id.	1,500
»	Juvigneau (Mlle).	....	Id.	1,500
»	Juvigneau....	....	Id.	1,500
KAUFFMANN. .	Kauffmann (Mme).	Greffier de paix...	Belfort (Haut-Rhin)....	500
KEISSER	Keisser (Mlle).	Négociant........	Grenoble (Isère).......	2,000
KINKELIN (le baron de).	Kinkelin (de).	Propriétaire......	Paris (Seine)..........	5,000
KIRSCHENBILDER.	Kirschenbilder	Bottier...........	Paris (Seine)..........	2,400
KUNTZ	Kuntz........	Ebéniste	Paris (Seine)	2,020
LABATEUX	....	Négociant	Albert (Somme)........	500
»	Tramoy......	....	Id.	250
»	Tramoy......	....	Id.	250
LABAUME	....	Négociant	Paris (Seine)..........	4,800
»	Labaume.....	....	Id.	2,800

NOMS DES SOUSCRIPTEURS.	NOMS DES ASSURÉS.	PROFESSIONS.	DEMEURES.	Sommes
LABAUME.......	Labaume.....	....	Paris (Seine)	2,000
LABBÉ.........	Labbé	Cultivateur	Pas (Pas-de-Calais)....	420
LABEYRIE......	Labeyrie	Boucher..........	Bordeaux (Gironde).. ..	1,100
LABIGNE	Labigne......	Employé	Lisieux (Calvados).....	500
LABORDE	Laborde......	Conducteur des ponts-et-chaussées	Tarbes (Hautes-Pyrén.).	2,160
LABORDE	Laboureau....	Propriétaire	Beaune (Côte-d'Or).....	500
LABOT-BOUCHOT.	....	Avocat aux conseils du roi.	Paris (Seine)	3,150
»	Labot (Mlle)..	....	Id.	1,650
»	Labot (Mlle)..	....	Id.	1,500
LABOURDETTE.	Labourdette ..	Notaire	Bourg (Gironde)	665
LABOUREAU....	Laboureau....	Propriétaire	Bligny-sur-Beaune (Côte-d'Or).	500
LABROUSSE fils.	....	Banquier.........	Gensac (Gironde)... ..	25,800
»	Tricoche (Mlle)	....	Id.	8,600
»	Saint-Jean-Lestage.	....	Id.	8,600
»	Morange (Mlle)	....	Id.	8,600
LABRUNE.	Labrune	Négociant	Paris (Seine)..........	2,400
LACAZE (DE)...	Rabaudy (de).	Propriétaire	Villien (Aube)	1,500
LACAZE.......	....	Ancien notaire ...	Toulouse (Haute-Gar.)..	1,450
»	Lacaze.......	....	Id.	200
»	Lacaze.......	....	Id.	300
»	Lacaze.......	....	Id.	450
»	Lacaze.......	....	Id.	500
LACOSTE.......	Lacoste (Mlle)	Propriétaire	Barsac (Gironde).......	5,400
LACOSTE.......	Lacoste	Orfévre	Perpignan (Pyrénées-Or.)	400
LACOSTE.......	Lacoste	Gendarme........	Ségré (Maine-et-Loire)..	200
LACRANNE.....	Moysen (Mlle).	Boulanger........	Mitry (Seine-et-Marne).	1,500
LACRANNE.....	....	Boulanger........	Mesnil-Amelot (Seine-et-Marne).	2,000
»	Lacranne.....	....	Id.	1,000

NOMS DES SOUSCRIPTEURS.	NOMS DES ASSURÉS.	PROFESSIONS.	DEMEURES.	Sommes
LACRANNE.....	Lacranne.....	....	Mesnil-Amelot (Seine-et-Marne).	1,000
LAEDERICH....	....	Négociant........	Elluchouse (Haut-Rhin).	1,000
»	Laederich (Mlle).	....	Id.	500
»	Laederich	....	Id.	500
LAFARGE......	Lafarge......	Négociant........	Cunlhat (Puy-de-Dôme)	500
LAFITTE.......	Lafitte.......	Raffineur	Bordeaux (Gironde).....	250
LAFONTAINE (Ve).	Lafontaine ...	Rentière.........	Neufchâteau (Vosges)...	500
LAGAISSE......	Lagaisse	Peintre.	Limoges (Haute-Vienne)	750
LAGNY.........	....	Percepteur.......	Beauvais (Oise)........	450
»	Lagny	....	Id.	150
»	Lagny (Mme).	....	Id.	150
»	Lagny (Mlle).	....	Id.	150
LAGUERRE.....	Tesselin......	Imprimeur.......	Bar-le-Duc (Meuse)....	400
LAGUERRE.....	....	March. quincaillier	Bar-le-Duc (Meuse)....	5,000
»	Laguerre.....	....	Id.	1,300
»	Laguerre.....	....	Id.	1,050
»	Laguerre (Mlle).	....	Id.	1,050
»	Laguerre (Mlle).	....	Id.	800
»	Laguerre (Mlle).	....	Id.	800
LAHAYE........	....	Propriétaire......	Montreuil (Seine)......	250
»	Lahaye.......	....	Id.	145
»	Lahaye (Mme)	....	Id.	105
LAINÉ (Mlle)....	Lainé (Mlle)..	Rentière.........	Le Havre (Seine-Infér.)	1,000
LAINÉ (Mlle)....	Lainé (Mlle)..	Rentière	Id.	500
LAINÉ	Lainé........	Rentier	Marines (Seine-et-Oise).	2,400
LAJOUS (Mme)..	....	Rentière.........	Toulouse (Haute-Gar.)..	350
»	Vital........	....	Id.	200
»	Vital........	....	Id.	150

NOMS DES SOUSCRIPTEURS.	NOMS DES ASSURÉS.	PROFESSIONS.	DEMEURES.	Sommes
LALANDE......	....	Marchand épicier..	Paris (Seine)..........	7,500
»	Lalande......	....	Id.	3,750
»	Lalande(Mme)	....	Id.	3,750
L'ALANE........	Lalane.......	Droguiste.........	Perpignan(Pyrénées-Or.)	350
LALLEMAND...	Lallemand,...	Négociant........	Metz (Moselle)........	1,000
LALLEMENT....	Lallement....	Instituteur	Anvillers (Ardennes)...	100
LALOUETTE....	Lalouette.....	Propriétaire	Drancy (Seine)........	1,100
LALOUT........	Lalout	Boulanger........	Beuvraignes ( )	400
LAMAIN........	....	Maître maçon.....	Fontainebleau (Seine-et-Marne).	500
»	Lamain(Mlle).	....	Id.	250
»	Lamain......	....	Id.	250
LAMARRE......	Lamarre(Mlle)	Charron..........	St-Leu (Oise)..........	1,100
LAMAZÈRE.....	Lamazère	Instituteur........	Toulouse (H.-Garonne).	2,000
LAMBRY (Ve)...	....	Limonadière.......	Magny (Seine-et-Ois.)...	1,300
»	Lambry (Mlle)	....	Id.	650
»	Lambry......	....	Id.	650
LAMIRAUX.....	Lamiraux.....	Rentier..........	Toul (Meurthe)........	1,500
LAMORY.......	Lamory......	Serrurier.........	Lucheux (Somme)......	200
LAMOTHE......	....	Propriétaire	Mirambeau (Char.-Inf.).	700
»	Lamothe.....	....	Id.	200
»	Lemet (Mme).	....	Id.	500
LAMOUCHE.....	....	Cultivateur.......	Ste-Geneviève (Oise)...	2,251
»	Lamouche (Mlle).	....	Id.	1,157
»	Lamouche....	....	Id.	1,094
LAMOUREUX...	....	Limonadier	Péronne (Somme)......	500
»	Lamoureux. .	....	Id.	250
»	Lamoureux (Mlle).	....	Id.	250
LAMY-LECOQ...	Lamy-Lecoq..	Rentier	Bolbec (Seine-Infér.)..	750

NOMS DES SOUSCRIPTEURS.	NOMS DES ASSURÉS.	PROFESSIONS.	DEMEURES.	Sommes
LANDRE	....	Marc. de vins en g..	Paris (Seine).	3,300
»	Landre.......	....	Id.	1,100
»	Landre (Mme)	....	Id.	1,100
»	Landre (Mlle).	....	Id.	1,100
LANDRIN	....	Bottier..........	Beaumont (Oise).......	3,960
»	Landrin......	....	Id.	630
»	Landrin (Mlle)	....	Id.	730
»	Landrin (Mlle)	....	Id.	790
»	Landrin (Mlle)	....	Id.	1,130
»	Landrin......	....	Id.	680
LANDRO	Landro.......	Propriétaire	Arpajon (Seine-et-Oise).	100
LANGEARD.....	Langeard (Mlle).	Blanchisseur......	Boulogne (Seine).... ..	520
LANGLET	....	Régisseur de M. le duc de Crillon.	Crillon (Oise)..........	4,200
»	Langlet (Mlle)	....	Id.	1,000
»	Langlet (Mlle)	....	Id.	1,100
»	Langlet (Mlle)	....	Id.	1,000
»	Langlet (Mlle)	....	Id.	1,100
LANGLOIS	Langlois	Confiseur.........	Le Mans (Sarthe)......	500
LANGLOIS.. ...	Langlois	Bourrelier........	Lisieux (Calvados).....	550
LANGLOIS	....	Vicaire..........	Beauvais (Oise)	2,100
»	Langlois	....	Id.	1,050
»	Langlois (Mlle)	....	Id.	1,050
LANGLOIS-GÉRARD.	Langlois	Négociant	Laval (Mayenne).......	1,000
LANGOT (Ve)...	....	Maîtresse blanchis.	Boulogne (Seine).......	1,830
»	Langot (Mlle).	....	Id.	610
»	Langot.......	....	Id.	610
»	Langot (Ve) ..	....	Id.	610
LANGUEDOC ...	Languedoc ...	Batonnier	Hermes (Oise).........	250

NOMS DES SOUSCRIPTEURS.	NOMS DES ASSURÉS.	PROFESSIONS.	DEMEURES.	Sommes
LANIER........	....	Graveur.........	Paris (Seine)...........	1,000
»	Lanier.......	....	Id.	250
»	Lanier.......	....	Id.	250
»	Lanier.......	....	Id.	250
»	Lanier (Mlle).	....	Id.	250
LANTERNIER...	Lanternier....	Greffier de justice de paix.	Gorze (Moselle)........	2,000
LANUSSE.......	....	Propriétaire.......	Bordeaux (Gironde)....	2,000
»	Lanusse......	....	Id.	1,000
»	Lanusse(Mme)	....	Id.	1,000
LAPEYRE.......	Lapeyre......	Rentier..........	Vielle-Adoux(H.-Pyr)..	100
LAPORTE.......	Laporte......	March. coutelier..	Limoges (H.-Vienne)...	600
LAPOSTOLLE...	....	Cultivateur......	St-Usage (Côte-d'Or)...	260
»	Lapostolle....	....	Id.	110
»	Lapostolle....	....	Id.	150
LAQUAIZE......	Laquaize.....	Employé.........	Paris (Seine)..........	500
LARDET........	....	Marchand de vins.	Paris (Seine)..........	5,400
»	Lardet (Mlle).	....	Id.	2,900
»	Lardet.......	....	Id.	2,500
LARÈGUE	Larègue......	Propriétaire.....	Bordeaux (Gironde)....	1,100
LARMIGNY.....	Larmigny	Adjoint au maire..	St-Fergeux (Ardennes).	800
LARSABAL (Mlle)	Larsabal(Mlle)	Rentière.........	Saint-Loubès (Gironde).	1,500
LASNIER.......	Lasnier	Anc. offic. de cav..	Troyes (Aube).........	340
LASSERRE fils..	Lasserre	Négociant........	Langon (Gironde)......	585
LASSON........	....	Négociant........	Paris (Seine)..........	17,000
»	Lasson.......	....	Id.	4,500
»	Lasson.......	....	Id.	4,500
»	Lasson.......	....	Id.	4,000
»	Lasson.......	....	Id.	4,000

NOMS DES SOUSCRIPTEURS.	NOMS DES ASSURÉS.	PROFESSIONS.	DEMEURES.	Sommes
LATASTE fils...	....	Négociant........	Cadillac (Gironde).....	375
»	Lataste.......	....	Id.	125
»	Lataste.......	....	Id.	125
»	Lataste.......	....	Id.	125
LATASTE.......	Lataste.......	Propriétaire......	Cérans (Gironde).......	1,170
LATASTE.......	Lataste.......	....	Id.	1,890
LATASTE.......	Lataste.......	....	Id.	1,425
LAUNEY.......	....	Marchand.........	Bernay (Eure).........	200
»	Launey (Mme)	....	Id.	100
»	Launey......	....	Id.	100
LAUNOY........	....	Négociant........	Paris (Seine)........	5,175
»	Launoy......	....	Id.	1,500
»	Launoy......	....	Id.	1,500
»	Launoy......	....	Id.	2,175
LAURENT......	Laurent (Mlle)	Rentière.........	Rive-de-Giers (Loire)...	500
LAURIN........	....	Serrurier.........	Bourg-la-Reine (Seine).	2,000
»	Laurin.......	....	Id.	1,000
»	Laurin (Mme).	....	Id.	1,000
LAVERGNE....	....	Marchand épicier..	Gouvieux (Oise).......	4,390
»	Lepage......	....	Id.	2,030
»	Lavergne.....	....	Id.	1,860
»	Lavergne.....	....	Id.	1,500
LAVILLE (Mlle).	Laville.......	Maîtr. de pension.	Paris (Seine)..........	500
LAVIT..........	Lavit........	Serrurier.........	Langon (Gironde)......	1,080
LAVOYE.......	Lavoye......	Rentier..........	Château-Thierry (Aisne)	2,000
LAVOYS........	Lavoys (Mlle).	Négociant.......	Petit-Niort (Char.-Infér.)	400
LEBAS..........	Lebas........	Géomètre........	Girondelle (Ardennes)..	200
LEBEL.........	....	Marchand tailleur.	Beauvais (Oise)........	7,100

NOMS DES SOUSCRIPTEURS.	NOMS DES ASSURÉS.	PROFESSIONS.	DEMEURES.	Sommes
LEBEL.........	Lebel........	....	Beauvais (Oise)........	500
»	Lebel (Mme)..	....	Id.	3,300
»	Lebel........	....	Id.	3,300
LEBLOIS.......	Leblois.......	Charron..........	Sceaux (Seine).........	500
LEBLOND.......	....	March. de vins....	Paris (Seine)..........	290
»	Leblond......	....	Id.	150
»	Leblond......	....	Id.	140
LEBRETON.....	Lebreton.....	Négociant........	Le Mans (Sarthe)......	2,500
LEBRETON.....	Lebreton.....	Marchand tailleur.	Le Havre (Seine-Infér.).	500
LEBRETON.....	Lebreton.....	Entrepreneur de menuiserie.	Choisy-le-Roi (Seine)..	850
LECACHÉ..... ..	....	Fileur...........	Bernay (Eure)..........	100
»	Lecaché......	....	Id.	50
»	Lecaché(Mme)	....	Id.	50
LECAILLET	Lecaillet(Mlle)	Maréchal ferrant..	Beuvraignes (Somme)...	850
LÉCHENAULT ..	Léchenault...	Propriétaire......	Beaune (Côte-d'Or)....	300
LECLER........	....	Rentière.........	Cordouet (Calvados)....	1,500
»	Lecler........	....	Id.	750
»	Lecler (Mlle).	....	Id.	750
LECLER........	Lecler	Rentier	Id.	1,000
LECLER........	Lecler.......	Marchand épicier..	Neuilly en Thel (Oise) .	1,800
LECLERC (Ve)..	Leclerc.......	Rentière.........	Mitry (Seine-et-Marne)..	500
LECLERC.......	Leclerc	Cultivateur.......	Tremblay (Seine-et-O.).	2,000
LECLERC-PARIS	....	Tisseur	Remaucourt (Ardennes).	370
»	Leclerc.......	....	Id.	180
»	Leclerc (Mlle)	....	Id.	190
LECLERQ	Leclerq.......	Rentier..........	Lille (Nord)..........	1,000
LECOCQ.......	....	Courtier en librair.	Paris (Seine)	500
LECOMTE (Ve).	Lecomte (Ve).	Propriétaire......	Le Mans (Sarthe)......	500

NOMS DES SOUSCRIPTEURS.	NOMS DES ASSURÉS.	PROFESSIONS.	DEMEURES.	Sommes
LECOMTE-VALOIS.	Lecomte-Valois.	Rentier..........	Bernay (Eure).........	50
LECONTE.......	....	Sellier	Bernay (Eure)	300
»	Leconte(Mme)	....	Id.	100
»	Leconte (Mlle)	....	Id.	100
»	Leconte......	....	Id.	100
LECOUTEUX	Lecouteux (Mlle).	Propriétaire......	Drancy (Seine).........	1,100
LECROSNIER...	Lecrosnier....	Employé.........	La Villette (Seine)......	500
LECUL..........	Lecul........	Notaire..........	Crillon (Oise)..........	1,500
LEDOUX........	Ledoux.......	Cafetier..........	Montendre (Char.-Inf.).	300
LEDUC.........	Leduc........	Vérificateur des poids et mesures.	Remirecourt (Vosges)...	600
LEFÉBURE	....	Fabricant de cuirs.	Bordeaux (Gironde)....	1,360
»	Lefébure.....	....	Id.	680
»	Lefébure (Mme).	....	Id.	680
LEFÈVRE (Ve) née CARLES.	....	Rentière.........	Paris (Seine)..........	2,000
»	Lefèvre......	....	Id.	1,000
»	Lefèvre......	....	Id.	1,000
LEFÈVRE.......	....	Libraire..........	Bernay (Eure).........	150
»	Lefèvre......	....	Id.	50
»	Lefèvre (Mme)	....	Id.	50
»	Lefèvre (Mlle).	....	Id.	50
LEFÈVRE.......	....	Marchand épicier..	Roye (Somme).........	550
»	Lefèvre (Mme)	....	Id.	250
»	Lefèvre......	....	Id.	250
»	Lefèvre......	....	Id.	50
LEFÈVRE.......	Lefèvre (Mme)	Rentier..........	Beauvais (Oise)........	4,920
LEFÈVRE.......	Lefèvre (Mlle).	Propriétaire......	Laforge-Philippe (Ardennes).	200
LEFÈVRE.......	....	Charpentier	Louvres (Seine-et-Oise).	900
»	Lefèvre......	....	Id.	600

NOMS DES SOUSCRIPTEURS.	NOMS DES ASSURÉS.	PROFESSIONS.	DEMEURES.	Sommes
LEFÈVRE.......	Lefèvre (Mlle)	....	Louvres (Seine-et-Oise)	300
LEFORT........	Lefort	Tabletier.........	Fercourt (Oise)........	1,250
LÉGER.........	....	Propriétaire......	Verpillière (Somme)....	1,970
»	Léger (Mlle)..	....	Id.	400
»	Léger........	....	Id.	400
»	Léger (Mlle)..	....	Id.	320
»	Léger........	....	Id.	400
»	Léger........	....	Id.	450
LÉGER.........	....	Peintre en équipages.	Paris (Seine)...........	2,400
»	Léger........	....	Id.	1,200
»	Léger (Mme)..	....	Id.	1,200
LEGRAND......	Legrand......	Négociant........	Paris (Seine)...........	515
LEGRAND......	....	Propriétaire......	Solente (Oise)..........	1,690
»	Legrand	....	Id.	840
»	Legrand......	....	Id.	850
LEGRAND......	Legrand (Mlle)	Fab. de brosses...	Sainte-Geneviève (Oise).	900
LEGRAND......	....	Propriétaire......	Boulogne (Seine)	1,775
»	Legrand......	....	Id.	875
»	Legrand (Mlle)	....	Id.	900
LEGRAND......	....	Armateur	Fécamp (Seine-Infér.) ..	8,300
»	Legrand......	....	Id.	1,000
»	Legrand (Mlle)	....	Id.	2,000
»	Legrand......	....	Id.	1,000
»	Legrand......	....	Id.	1,800
»	Legrand......	....	Id.	1,500
»	Legrand......	....	Id.	1,000
LEGRIS........	Legris	Employé des contributions indir..	Sèvres (Seine-et-Oise)..	1,025
LEGRIS.........	Legris	Négociant........	Paris (Seine)...........	1,000

NOMS DES SOUSCRIPTEURS.	NOMS DES ASSURÉS.	PROFESSIONS.	DEMEURES.	Sommes
LEGROS........	....	Banquier.........	Fécamp (Seine-Infér.)..	3,700
»	Legros.......	....	Id.	2,000
»	Legros.......	....	Id.	1,700
LEGROS........	Legros.......	Négociant........	Marseille (B.-du-Rhône)	1,040
LEJARIEL......	LEJARIEL...	Contrôleur de contributions dir...	La Ferté-Bernard (Sarthe).	500
LEJEUNE.......	....	Propriétaire......	Hattencourt (Somme)...	2,000
»	Lejeune......	....	Id.	1,000
»	Lejeune......	....	Id.	1,000
LEJEUNE.......	....	Propriétaire......	Parvillers (Somme).....	1,000
»	Lejeune......	....	Id.	500
»	Lejeune (Mme)	....	Id.	500
LELANDAIS.....	....	Maître de la marine en retraite, lég..	Rethel (Ardennes)......	4,600
»	Lelandais	....	Id.	900
»	Lelandais	....	Id.	900
»	Lelandais (Mlle).	....	Id.	1,300
»	Lelandais (Mlle).	....	Id.	1,500
LELARGE	....	Curé desservant...	Saint-Hilaire-de-Ferrière (Eure).	600
»	Lelarge	....	Id.	200
»	Lelarge	....	Id.	200
»	Lelarge	....	Id.	200
LELEU	....	Rentier	Bolbec (Seine-Infér)....	1,000
»	Leleu (Mlle)..	....	Id.	500
»	Leleu........	....	Id.	500
LELEU	....	Propriétaire......	Grand-Rouy (Somme)...	1,600
»	Leleu........	....	Id.	660
»	Leleu........	....	Id.	600
»	Leleu........	....	Id.	340
LELEU	Leleu........	Ingénieur mécanic.	Grandrieux (Aisne).....	50

NOMS DES SOUSCRIPTEURS.	NOMS DES ASSURÉS.	PROFESSIONS.	DEMEURES.	Sommes
LELIÈVRE (Ve)..	Lelièvre......	Rentière	Laval (Mayenne).......	600
LEMAIRE.......	....	Artiste dramatique.	Paris (Seine)..........	600
»	Boisard (Mlle).	....	Id.	300
»	Lemaire	....	Id.	300
LEMAIRE	Lemaire......	Cultivateur.......	Bray (Ardennes).......	2,550
LEMAN.........	LEMAN.......	Marchand........	Bordeaux (Gironde)	450
LEMAZURIER...	....	Fabricant	Bolbec (Seine-Infér.)...	3,000
»	Lemazurier (Mlle).	....	Id.	1,500
»	Lemazurier...	....	Id.	1,500
LEMENU........	....	Pharmacien	Noailles (Oise).........	6,750
»	Lemenu......	....	Id.	3,300
»	Lemenu(Mme)	....	Id.	3,450
LEMER.........	Lemer	Sculpteur	Paris (Seine)	520
LEMET	....	Cafetier..........	Mirambeau (Char.-Inf.).	1,000
»	Lemet (Mlle).	....	Id.	500
»	Castelmar (de)	....	Id.	500
LEMETAIS......	Lemetais......	Pharmacien	Fécamp (Seine-Infér.)..	1,000
LEMOINE.......	Lemoine (Mlle)	Emp. des contrib. indirectes.	Fournes (Nord)........	1,000
LEMORE et son épouse.	Lemore......	Contrôl. des contributions dir.	Le Mans (Sarthe).......	1,000
L'ENFANT......	....	Marchand de vin..	Paris (Seine)..........	1,000
»	L'Enfant.....	....	Id.	500
»	L'Enfant (Mme).	....	Id.	500
LENGLIER.. ...	Lenglier	Rentier	Fouquières (Oise)......	600
LEPAON........	....	Marchand épicier..	Bernay (Eure).........	200
»	Lepaon	....	Id.	100
»	Lepaon (Mme)	....	Id.	100
LEPEUT........	....	Marchand de vin..	Paris (Seine)..........	2,500
»	Lepeut (Mlle).	....	Id.	700

NOMS DES SOUSCRIPTEURS.	NOMS DES ASSURÉS.	PROFESSIONS.	DEMEURES.	Sommes
LEPEUT........	Lepeut (Mlle).	....	Paris (Seine)...........	900
»	Lepeut.......	....	Id.	900
LEPLANT (Mme)	Leplant......	Rentière.........	Limoges (Haute-Vienne)	200
LEPLAT........	Leplat.......	Id.	Wazemmes (Nord).....	400
LEPPE.........	....	Graveur..........	Paris (Seine)...........	2,640
»	Leppe (Mlle)..	....	Id.	1,320
»	Leppe.......	....	Id.	1,320
LEPROUX......	....	Propriétaire......	Manneville (Calvados)..	1,200
»	Leproux......	....	Id.	200
»	Leproux (Mlle)	....	Id.	200
»	Leproux......	....	Id.	200
»	Leproux (Mlle)	....	Id.	200
»	Leproux (Mlle)	....	Id.	200
»	Leproux......	....	Id.	200
LEQUEUX.......	Lequeux.....	Maréchal ferrant..	Grandrieux (Aisne).....	900
LEQUEUX.......	....	Menuisier........	Beauvais (Oise)........	1,080
»	Lequeux.....	....	Id.	375
»	Lequeux (Mlle)	....	Id.	360
»	Lequeux.....	....	Id.	345
LERAITRE.....	....	Pharmacien......	Songeons (Oise)........	300
»	Leraitre.....	....	Id.	150
»	Leraitre (Mlle)	....	Id.	150
LERIDEAU.....	Lerideau (Mlle)	Rentier..........	Paris (Seine)..........	1,400
LEROUX........	Leroux......	Avocat, juge suppléant.	Mamers (Sarthe).......	500
LEROUX........	Leroux (Mlle).	Rentier..........	Henryville (Somme)....	240
LEROUX........	Leroux (Mlle).	Fab. de tissus de laine.	Hanvoille (Oise).......	325
LEROUX (Mlle)..	Leroux (Mlle).	Rentière.........	Paris (Seine)..........	3,000
LEROY.........	Leroy (Mlle)..	Maréchal ferrant..	Mitry (Seine-et-Marne)..	500

NOMS DES SOUSCRIPTEURS.	NOMS DES ASSURÉS.	PROFESSIONS.	DEMEURES.	Sommes
LEROY.........	Leroy (Mlle)..	Bottier..........	Roye (Somme)	1,000
LEROY.........	Leroy........	Marchand de fils...	Le Quesnoy (Somme)...	200
LEROY (Ve).....	Provost......	Rentière	Rouessé-Font. (Sarthe).	100
LEROY.........	Leroy (Mme).	Blanchisseur......	Boulogne (Seine).......	545
LEROY.........	Leroy (Mlle)..	Id.	Id.	605
LEROY.........	Leroy........	Rentier	Le Quesnoy (Somme)...	200
LEROY.........	Leroy (Mlle)..	Maître charpentier	Rumigny (Ardennes)...	500
LEROY.........	....	Boulanger........	Vallon (Sarthe)........	500
»	Leroy (Mlle)..	....	Id.	250
»	Leroy (Mlle)..	....	Id.	250
LEROY.........	Leroy (Mlle)..	Carrossier........	Magny (Seine-et-Oise).	900
LEROY.........	....	Boulanger........	Vallon (Sarthe)........	500
»	Leroy........	....	Id.	250
»	Leroy (Mlle)..	....	Id.	250
LEROY.........	....	March. de rouenn..	Vigny (Seine-et-Oise) ..	1,200
»	Henry (Mlle).	....	Id.	600
»	Henry (Mlle).	....	Id.	600
LESCOUZÈRE...	Lescouzère...	Propriétaire......	Cérons (Gironde).......	1,800
LESEIGNEUR...	....	Marchand tailleur.	Le Havre (Seine-Infér.).	800
»	Leseigneur (Mlle).	....	Id.	400
»	Leseigneur...	....	Id.	400
LESIEUR.......	....	Fabricant d'évent.	Ste-Geneviève (Oise)...	2,500
»	Barbier......	....	Id.	1,250
»	Lesieur.......	....	Id.	1,250
LESIEUR.......	....	Fabr. de brosses..	Id.	2,120
»	Brileux......	....	Id.	880
»	Lesieur......	....	Id.	705
»	Lesieur......	....	Id.	535

NOMS DES SOUSCRIPTEURS.	NOMS DES ASSURÉS.	PROFESSIONS.	DEMEURES.	Sommes
LESIEUR	Lesieur	Fabric. de brosses.	Laboissière (Oise)......	680
LESIEUX........	Pierrin.......	Docteur médecin..	Mezerolles (Somme)....	400
LEVESQUES	....	Charcutier........	Saint-Loubès (Gironde).	500
»	Levesques....	....	Id.	250
»	Levesque (Mlle).	....	Id.	250
LESPARDA (DE).	Lesparda (de).	Contrôleur des contributions dir.	Orthez (Basses-Pyrén.)..	1,200
LESPINE	Lespine......	Propriétaire......	Le Mesnil (Somme)	1,400
LESQUENDIEU..	Lesquendieu..	Propriétaire	Licourt (Somme).......	510
LETACQ........	....	Marchand épicier..	Lisieux (Calvados).....	320
»	Letacq.......	....	Id.	160
»	Letacq.......	....	Id.	160
LETANNEUR....	Letanneur....	Capitaliste.......	Bordeaux (Gironde)	2,970
LETELLIER.....	....	Blanchiss. de linge.	Boulogne (Seine).......	1,330
»	Letellier(Mlle)	....	Id.	605
»	Letellier(Mlle)	....	Id.	725
LETEMPLE.....	Letemple (Mlle).	Négociant	Beauvais (Oise)........	3,150
LETITRE	Letitre (Mlle).	Fabric. de velours.	Belloy-sur-Somme.....	640
LETOURNEL....	....	Propriétaire......	Alençon (Orne)........	520
»	Letournel (Mlle).	....	Id.	320
»	Letournel (Mlle).	....	Id.	200
LEUILLIER	Leuillier(Mlle)	Rentier	Aumâtre (Somme)......	100
LEURIN (Mlle)..	Leurin (Mlle).	Propriétaire	Carrépuits (Somme)....	270
LEVAIRE.......	Levaire......	Débitant	Thiescourt (Oise)......	1,427
LEVEILLÉ......	....	Propriétaire.......	Meulan (Seine-et-Oise)..	2,750
»	Leveillé......	....	Id.	750
»	Leveillé......	....	Id.	1,000
»	Leveillé(Mme)	....	Id.	1,000
LEVEL	Level........	March. de chevaux.	Beaune (Côte-d'Or).....	600

NOMS DES SOUSCRIPTEURS.	NOMS DES ASSURÉS.	PROFESSIONS.	DEMEURES.	Sommes
LEVÊQUE.......	Levêque	Confiseur.........	Vittaux (Côte-d'Or).....	2,000
LEVILLAIN.....	Levillain.....	Propr. et maire...	St-Désir de Lisieux (Calvados).	250
LEVOLLE.......	....	Directeur des bains Ste-Anne.	Paris (Seine)...........	4,200
»	Levolle (Mme)	....	Id.	1,000
»	Levolle (Mlle).	....	Id.	1,100
»	Levolle	....	Id.	1,000
»	Levolle	....	Id.	1,100
LEVY	....	Sellier	Paris (Seine)..........	500
»	Levy.........	....	Id.	250
»	Levy (Mlle)..	....	Id.	250
LEZAT	Lezat........	Propriétaire	Toulouse (H.-Garonne).	600
LEZY...........	Lezy.........	Rentier..........	Hautbourdin (Nord)....	400
LHELLEZ.......	Lhellez.......	Cordonnier.......	Thiescourt (Oise)......	591
LHIRONDELLE..	....	Marchand tailleur.	Orbec (Calvados)......	2,100
»	Lhirondelle ..	....	Id.	550
»	Lhirondelle (Mme).	....	Id.	550
»	Patri.........	....	Id.	1,000
LHOMME.......	Lhomme......	Boulanger........	Beuvraignes (Somme)...	300
LHUILLIER.....	....	Bottier...........	Paris (Seine)...........	2,000
»	Lhuillier.....	....	Id.	400
»	Lhuillier (Mme).	....	Id.	400
»	Lhuillier.....	....	Id.	400
»	Lhuillier	....	Id.	400
»	Lhuillier(Mlle)	....	Id.	400
LIBAUDE.......	....	Bijoutier.........	Paris (Seine)	1,500
»	Libaude......	....	Id.	500
»	Libaude.. ...	....	Id.	500
»	Libaude (Mlle)	....	Id.	500

NOMS DES SOUSCRIPTEURS.	NOMS DES ASSURÉS.	PROFESSIONS.	DEMEURES.	Sommes
LIBERT.........	....	Cultivateur.......	Mainbressy (Ardennes).	2,750
»	Libert (Mlle)..	....	Id.	500
»	Libert........	....	Id.	650
»	Libert........	....	Id.	750
»	Libert........	....	Id.	850
LIDON..........	....	Maréchal ferrant..	Drancy (Seine).........	680
»	Lidon........	....	Id.	250
»	Lidon........	....	Id.	250
»	Lidon........	....	Id.	180
LIÉBAUT........	Liébaut	Cap. de cavalerie en non activité.	Ablon (Seine-et-Oise)..	300
LIÉNARD.......	....	Marchand tailleur.	Paris (Seine)..........	2,920
»	Liénard......	....	Id.	1,100
»	Liénard (Mme)	....	Id.	1,100
»	Liénard (Mlle)	....	Id.	720
LIEUX..........	....	Graveur..........	Paris (Seine)...........	2,000
»	Lieux.......	....	Id.	1,000
»	Lieux........	....	Id.	500
»	Lieux (Mme)..	....	Id.	500
LIGUET.........	....	Cultivateur.......	Wissons (Seine-et-Oise).	1,000
»	Liguet (Mme).	....	Id.	500
»	Liguet	....	Id.	500
LIMOUSIN	Limousin.....	Lieuten. au 17e lég.	Courbevoie (Seine).....	3,000
LINET	Linet	Propriétaire	Château-Thierry (Aisne)	300
LINET..........	Linet........	Id.	Id.	300
LINGUET.......	....	Horloger	Batignolles (Seine)......	1,250
»	Linguet......	....	Id.	250
»	Linguet (Mme)	....	Id.	250
»	Linguet (Mlle).	....	Id.	250

NOMS DES SOUSCRIPTEURS.	NOMS DES ASSURÉS.	PROFESSIONS.	DEMEURES.	Sommes
LINGUET.......	Linguet (Mlle)	....	Batignolles (Seine)......	250
»	Linguet......	....	Id.	250
LIOTARD (Mme).	Liotard (Mlle).	Modiste..........	Romans (Drôme)	1,000
LIPPERT... ...	Lippert......	Mécanicien.......	Gouvieux (Oise)........	4,000
LIROT..........	Lirot.........	Cordonnier.......	Paris (Seine)..........	1,500
LOBRE.........	....	Propriétaire......	Rive-de-Gier (Loire)...	1,000
»	Lobre........	....	Id.	500
»	Lobre........	....	Id.	500
LOFFROY......	Loffroy.......	Propriétaire......	Carrépuits (Somme)....	600
LOISEAU.......	Loiseau......	Employé.........	Neufchâteau (Vosges)...	250
LOMBARD......	....	Négociant........	Bordeaux (Gironde)....	1,200
»	Lombard (Mme).	....	Id.	600
»	Lombard.....	....	Id.	600
LONGUET......	....	Propriétaire......	Tilloloy (Somme)......	1,400
»	Longuet (Mlle)	....	Id.	700
»	Longuet (Mlle)	....	Id.	700
LORAUX........	....	Marchand de vin..	Paris (Seine)...........	600
»	Loraux (Mlle).	....	Id.	200
»	Loraux (Mme)	....	Id.	200
»	Loraux......	....	Id.	200
LOTH..........	....	Instituteur........	La Bastide (Gironde)...	3,240
»	Loth (Mlle)...	....	Id.	1,080
»	Loth.........	....	Id.	1,080
»	Loth (Mlle)...	....	Id.	1,080
LOUVEL........	....	Charpentier.......	Bolbec (Seine-Inférieure)	1,000
»	Louvel.......	....	Id.	500
»	Louvel.......	....	Id.	500
LOUVET........	Louvet (Mlle).	Propriétaire......	Roye (Somme)..	3,000

NOMS DES SOUSCRIPTEURS.	NOMS DES ASSURÉS.	PROFESSIONS.	DEMEURES.	Sommes
LOYAL (Mlle).....	Loyal........	Rentier	Abbeville (Somme).....	1,000
LUCAS..........	Lucas........	Huissier..........	Lons-le-Saulnier (Jura).	150
LUCMAU DE CLASSUN.	....	Cap. au 17e léger..	Courbevoie (Seine).....	4,000
»	Classun (Mlle de).	....	Id.	1,000
»	Classun (de)..	....	Id.	1,000
»	Classun (Mme de).	....	Id.	1,000
»	Classun (de)...	....	Id.	1,000
LUPART.......	....	Peintre	Paris (Seine)	3,900
»	Lupart (Mlle).	....	Id.	2,500
»	Lupart (Mlle).	....	Id.	1,400
MABILLOTTE ...	Mabillotte....	Epicier..........	Songeons (Oise)........	600
MACHEFERT ...	....	Marchand boucher.	Saint-Loubès (Gironde).	3,000
»	Machefert (Mme).	....	Id.	1,000
»	Machefert....	....	Id.	1,000
»	Machefert....	....	Id.	1,000
MACHY.........	Machy.......	Docteur-médecin..	Airaines (Somme)......	210
MAGENTIES	....	Cond. des ponts-et-chaussées.	Tarbes (Hautes-Pyrénées)	2,340
»	Magenties....	....	Id.	1,140
»	Magenties....	....	Id.	1,200
MAGNANT......	Magnant(Mlle)	Rentier	Gouvieux (Oise)........	3,250
MAGNANVILLE (le chevalier DE)	....	Propriétaire	Paris (Seine)..........	1,000
»	Magnanville (de).	....	Id.	500
»	Magnanville (de).	....	Id.	500
MAGNEZ........	Magnez	Cultivateur........	Boisbergues (Somme)...	400
MAGNIER.......	....	Propriétaire	Balatre (Somme)	3,040
»	Magnier (Mlle)	....	Id.	1,000
»	Magnier......	....	Id.	720
»	Magnier (Mlle)	....	Id.	840

NOMS DES SOUSCRIPTEURS.	NOMS DES ASSURÉS.	PROFESSIONS.	DEMEURES.	Sommes
MAGNIER.......	Magnier......	....	Balatre (Somme).......	480
MAGNIER	....	Négociant........	Amiens (Somme).......	4,200
»	Magnier (Mlle)	....	Id.	1,800
»	Magnier......	....	Id.	2,400
MAILLARD.....	....	Serrurier.........	Noailles (Oise).........	3,233
»	Maillard......	....	Id.	1,208
»	Maillard(Mme)	....	Id.	1,035
»	Maillard	....	Id.	990
MAILLARD	Maillard......	Maître charron....	Suresnes (Seine).......	594
MAILLOT-MAIL-LOT.	Maillot (Mlle).	Propriétaire	Herpy (Ardennes)......	280
MAILLOT-PHI-LIPPOT.	Maillot.......	Id.	Id.	270
MAILLOT-FÉ-RARD.	....	Charron.........	Id.	840
»	Maillot.......	....	Id.	390
»	Maillot.......	....	Id.	450
MAILLY	....	Parfumeur	Paris (Seine)..........	700
»	Mailly	....	Id.	150
»	Mailly	....	Id.	150
»	Mailly	....	Id.	150
»	Mailly (Mme).	....	Id.	150
»	Mailly	....	Id.	100
MAINGUET.....	Mainguet.....	Propriétaire	Montreuil (Seine)......	640
MAIRE	....	Peintre...........	Paris (Seine)...........	1,620
»	Maire........	....	Id.	270
»	Maire (Mlle)..	....	Id.	495
»	Maire (Mme)..	....	Id.	250
»	Maire........	....	Id.	605
MALABOUT	Malabout.....	Propriétaire	Limoges (Haute-Vienne).	100
MALICET.......	Malicet	Brasseur	Torcy (Ardennes)......	320

NOMS DES SOUSCRIPTEURS.	NOMS DES ASSURÉS.	PROFESSIONS.	DEMEURES.	Sommes
MALINET.......	Malinet	....	Cheppy (Meuse)........	500
MALLET........	Mallet.......	Facteur rural.....	Estissac (Aube).........	450
MALLEVAL.....	Malleval	Directeur de l'argue royale.	Lyon (Rhône)...........	1,200
MALLIN........	....	Propriétaire......	Chatte (Isère).........	2,000
»	Mallin......	....	Id.	600
»	Mallin (Mlle).	....	Id.	600
»	Mallin (Mlle).	....	Id.	800
MALLIOT.......	....	Tailleur..........	Paris (Seine)	500
»	Malliot (Mme).	....	Id.	250
»	Malliot.......	....	Id.	250
MALOT.........	....	Propriétaire......	Montreuil (Seine)	4,000
»	Préaux (Mme)	....	Id.	2,000
»	Malot........	....	Id.	2,000
MANCEAUX......	Manceaux (Mlle).	Propriétaire	Anthémy (Ardennes)...	450
MANIÈRE.......	....	Propriétaire.....	Bligny-sur-Ouche (Côte-d'Or).	300
»	Manière (Mlle)	....	Id.	150
»	Manière......	....	Id.	150
MANIGOT.......	Manigot......	Fab. de tulles....	Lyon (Rhône).........	5,130
MANISSE.......	Manisse......	Rentier..........	A la Taillette (Ardennes)	200
MANIZAN.......	....	Ingénieur civil...	St-Giers-la-Lande.....	1,800
»	Manizan (Mlle)	....	Id.	1,350
»	Manizan	....	Id.	225
»	Manizan	....	Id.	225
MANOURY	....	Négociant........	Bolbec (Seine-Inférieure)	6,000
»	Manoury......	....	Id.	2,000
»	Manoury.....	....	Id.	2,000
»	Manoury.....	....	Id.	2,000
MARAGE.......	....	Médecin..........	Broglie (Eure)	500

NOMS DES SOUSCRIPTEURS.	NOMS DES ASSURÉS.	PROFESSIONS.	DEMEURES.	Sommes
MARAGE........	Marage (Mme)	....	Broglie (Eure).........	250
»	Marage.......	....	Id.	250
MARAIS.........	....	Menuisier.........	Choisy-le-Roi (Seine)..	1,000
»	Marais.......	....	Id.	500
»	Henri (Mme)..	....	Id.	500
MARANGES	Maranges.....	Propriétaire......	Nahuja (Pyrénées-Or.)..	240
MARATNEL.....	Maratnel	Facteur de pianos.	Paris (Seine)..........	375
MARCELLIN....	Marcellin.....	Propriétaire	Labourine (Bouches-du-Rhône).	450
MARCELLIN....	Marcellin.....	Savonnier........	Marseille (Bouches-du-Rhône).	300
MARCHAIS(Mlle)	....	Ouvrière	Fontainebleau (Seine-et-Marne).	500
»	Marchais	....	Id.	250
»	Marchais	....	Id.	250
MARCHAIS	Delobelle.....	Marchand épicier..	Paris (Seine)...........	400
MARCHAL	Marchal......	Rentier	Saint-Michel (Meuse)...	1,500
MARCHE.........	....	Scieur de long....	Saint-Loubès (Gironde)..	400
»	Marche.......	....	Id.	200
»	Marche (Mlle)	....	Id.	200
MARCILLY	....	Lithographe......	Paris (Seine)..........	4,000
»	Marcilly......	....	Id.	1,000
»	Marcilly(Mme)	....	Id.	1,000
»	Marcilly (Mlle)	....	Id.	1,000
»	Marcilly(Mme)	....	Id.	500
»	Marcilly......	....	Id.	500
MARGUERIE.....	Bladinières ...	Pharmacien	La Réole (Gironde)......	5,700
MARGUEROT...	....	Menuisier	Belleville (Seine).......	3,300
»	Marguerot....	....	Id.	1,650
»	Marguerot (Mme).	....	Id.	1,650
MARGUET (Mlle)	....	Marchande.......	Troyes (Aube)..........	3,200

NOMS DES SOUSCRIPTEURS.	NOMS DES ASSURÉS.	PROFESSIONS.	DEMEURES.	Sommes
MARGUET (Mlle)	Marguet......	....	Troyes (Aube).........	1,600
»	Marguet	....	Id.	1,600
MARIE.........	Marie........	Rentier........	Paris (Seine)...........	500
MARIE.........	....	Propriétaire......	Paris (Seine)...........	7,200
»	Marie........	....	Id.	1,200
»	Marie........	....	Id.	1,200
»	Marie........	....	Id.	1,200
»	Marie........	....	Id.	1,200
»	Marie (Mlle)..	....	Id.	1,200
»	Marie........	....	Id.	1,200
MARIÉ.........	....	Marchand........	Grand-Frenoy (Oise) ...	500
»	Marié (Mlle)..	....	Id.	150
»	Marié (Mlle)..	....	Id.	100
»	Marié........	....	Id.	250
MARIGNY	Marigny......	Boulanger........	Magny (Seine-et-Oise)..	1,300
MARIN.........	....	Propriétaire......	Montdidier (Somme)....	3,000
»	Tronquez.....	....	Id.	400
»	Tronquez (Mlle).	....	Id.	500
»	Marin (Mlle)..	....	Id.	900
»	Tronquez.....	....	Id.	700
»	Tronquez.....	....	Id.	500
MARIN.........	....	Propriétaire	Noailles (Oise).........	7,600
»	Marin........	....	Id.	3,800
»	Marin (Mme)..	....	Id.	3,800
MARION........	Marion.......	Tourneur	Saint-Germainmont (Ardennes).	650
MARTELEUR ...	Marteleur	Rentier	Champlin (Ardennes)...	100
MARTIN	Martin (Mlle).	Menuisier	Fontainebleau (Seine-et-Marne).	825
MARTIN........	....	Bottier..........	Paris (Seine)	2,400

NOMS DES SOUSCRIPTEURS.	NOMS DES ASSURÉS.	PROFESSIONS.	DEMEURES.	Sommes
MARTIN........	Martin........	....	Paris (Seine)..........	1,200
»	Martin (Mme).	....	Id.	1,200
MARTIN........	....	Propriétaire......	Limoges (Haute-Vienne)	3,000
»	Martin (Mlle).	....	Id.	1,000
»	Martin (Mlle).	....	Id.	1,000
»	Martin (Mlle).	....	Id.	1,000
MARTIN........	Martin........	Rentier..........	Rouillac (Charente)....	225
MARTIN........	....	Négociant........	Paris (Seine)..........	4,500
MARTIN........	....	Propriétaire......	Le Maine d'Armand (Gir.)	3,375
»	Martin........	....	Id.	1,850
»	Martin (Mlle).	....	Id.	1,525
MARTIN........	Martin........	Notaire..........	Béziers (Hérault).......	2,000
MARTIN........	....	....	Nancy (Meurthe).......	500
»	Martin........	....	Id.	100
»	Martin........	....	Id.	100
»	Martin........	....	Id.	100
»	Martin........	....	Id.	100
»	Martin (Mlle).	....	Id.	100
MARTINET-CHOLLET.	....	Meunier..........	Condé-les-Herpy (Arden.)	1,850
»	Martinet (Mlle)	....	Id.	750
»	Martinet.....	....	Id.	1,100
MARTINET.....	....	Notaire et maire.	Piney (Aube)..........	2,500
»	Martinet (Mlle)	....	Id.	1,000
»	Martinet.....	....	Id.	750
»	Martinet.....	....	Id.	750
MARX........	Marx........	Fabr. de porcelaine	Fontainebleau (Seine-et-Marne).	550
MARY (Ve).....	....	Marchande.......	Beaune (Côte-d'Or).....	250
»	Mary........	....	Id.	125

NOMS DES SOUSCRIPTEURS.	NOMS DES ASSURÉS.	PROFESSIONS.	DEMEURES.	Sommes
MARY (Ve)......	Mary.......	....	Beaune (Côte-d'Or).....	125
MASCRÉ	....	Rentier	Ste-Geneviève (Oise) ...	3,870
»	Mascré.......	....	Id.	960
»	Mascré.......	....	Id.	1,080
»	Mascré (Mme).	....	Id.	1,020
»	Mascré (Mlle).	....	Id.	810
MASSARD	....	Menuisier en voit..	Paris (Seine)	2,090
»	Massard.......	....	Id.	1,070
»	Massard (Mlle)	....	Id.	1,020
MASSARD	Massard......	Rentier	Signy-l'Abbaye(Arden.).	450
MASSIEU fils....	Massieu (Mlle)	Vétérinaire	Langon (Gironde)	3,675
MASSON........	....	March. mercier...	Wissons (Seine-et-O.)..	1,000
»	Borand (Mme)	....	Id.	500
»	Masson	....	Id.	500
MASSOT........	Massot.......	Caporal tailleur au 63e rég. de ligne.	Angers (Maine-et-Loire).	1,005
MASSOULLE....	Massoulle	Charron	Montdidier (Somme) ...	540
MATHÉRET.....	Matheret.....	Employé	Paris (Seine)	4,080
MAUBOURGUET.	....	Négociant	Bordeaux (Gironde)	8,430
»	Maubourguet.	....	Id.	4,560
»	Maubourguet.	....	Id.	3,870
MAUCHOSSÉ....	....	Employé.........	Le Mans (Sarthe).......	670
»	Mauchossé....	....	Id.	200
»	Mauchossé....	....	Id.	220
»	Freulon (Mlle)	....	Id.	250
MAUDUIT.......	....	Agent d'assurances.	Lisieux (Calvados)	1,250
»	Mauduit (Mlle)	....	Id.	500
»	Mauduit (Mlle)	....	Id.	375
»	Mauduit	....	Id.	375

NOMS DES SOUSCRIPTEURS.	NOMS DES ASSURÉS.	PROFESSIONS.	DEMEURES.	Sommes
MAUPRIVEZ....	....	Propriétaire......	Château-Thierry (Aisne)	14,000
»	Mauprivez (Mlle).	....	Id.	2,000
»	Mauprivez....	....	Id.	3,000
»	Mauprivez (Mlle).	....	Id.	3,000
»	Mauprivez (Mlle).	....	Id.	2,000
»	Mauprivez (Mlle).	....	Id.	2,000
»	Mauprivez....	....	Id.	2,000
MAUPRIVEZ....	....	Propriétaire......	Château-Thierry (Aisne)	10,000
»	Mauprivez....	....	Id.	2,000
»	Roze.........	....	Id.	2,000
»	Mauprivez....	....	Id.	2,000
»	Roze.........	....	Id.	2,000
»	Roze.........	....	Id.	2,000
MAUREL.......	Maurel.......	Boulanger........	Bordeaux (Gironde)....	1,900
MAURIAC......	....	Chaudronnier.....	Suresnes (Seine).......	400
»	Mauriac......	....	Id.	100
»	Mauriac......	....	Id.	100
»	Mauriac(Mme)	....	Id.	100
»	Mauriac......	....	Id.	100
MAURIN........	Maurin......	Tailleur d'habits..	Paris (Seine)..........	500
MAURIN DE VILLENEUVE (Mlle)	Maurin (Mlle).	Rentière.........	Neufchâteau (Vosges)...	250
MAVRÉ........	Mavré.......	Épicier...........	Dammartin(Seine-et-M.)	1,375
MAYER (Mlle)...	Mayer (Mlle).	Rentière.........	Bordeaux (Gironde).....	250
MAYER........	....	Négociant........	Bordeaux (Gironde)....	1,200
»	Mayer.......	....	Id.	300
»	Mayer (Mlle)..	....	Id.	300
»	Mayer........	....	Id.	300
»	Mayer........	....	Id.	300

NOMS DES SOUSCRIPTEURS.	NOMS DES ASSURÉS.	PROFESSIONS.	DEMEURES.	Sommes
MAYER.........	Mayer (Mlle)..	Négociant	Bordeaux (Gironde)	300
MAYNIEL (Mme).	....	Rentière	Toulouse (Haute-Gar.)..	2,000
»	Mayniel (Mme)	....	Id.	1,000
»	Mayniel.......	....	Id.	1,000
MAYSOUETTE..	Maysouette...	Employé des contr. directes.	Tarbes (Hautes-Pyrén.).	250
MÉDEVILLE....	....	Négociant........	Cadillac.....	200
»	Médeville	....	Id.	100
»	Médeville (Mme).	....	Id.	100
MÉFRAY	Méfray.......	Chef de bataillon en retraite.	Ponts-de-Cé (Maine-et-Loire).	540
MEIERHOFF....	Meierhoff.....	Rentier..........	Paris (Seine)..........	1,000
MELENDÈS	Melendès	Rentier..........	Bordeaux (Gironde......	2,000
MELLÉ dit NELLÉ.	Mellé........	Cultivateur	Gouvieux (Oise)........	1,000
MELY..........	Mely.........	Porcelainier	Fontainebleau (Seine-et-Marne).	500
MÉNARD.......	....	Confiseur	Bordeaux (Gironde)	4,725
»	Ménard.......	....	Id.	1,890
»	Ménard (Mlle)	....	Id.	2,835
MENIER........	....	March. de peaux..	Perpignan (Pyrénées-O.)	500
»	Menier (Mlle).	....	Id.	250
»	Menier (Mlle).	....	Id.	250
MENNESSON....	....	Propriétaire	Villeneuve (Seine-et-M.)	3,000
»	Mennesson...	....	Id.	1,000
»	Mennesson ...	....	Id.	1,000
»	Mennesson ...	....	Id.	1,000
MENSER........	....	Tailleur.........	Paris (Seine)	1,100
»	Menser	....	Id.	550
»	Menser	....	Id.	550
MENU	Lasson.......	Rentier	Paris (Seine)...........	1 000
MENU (Mme)....	Brière	Rentière..........	Paris (Seine)...........	400

NOMS DES SOUSCRIPTEURS.	NOMS DES ASSURÉS.	PROFESSIONS.	DEMEURES.	Sommes
MERCADIER (Mlle).	....	Rentière	Toulouse (Haute-Gar.)..	400
»	Mercadier (Mlle).	....	Id.	200
»	Mercadier	....	Id.	200
MERCIER	Mercier (Mlle)	Marchand de vin..	Paris (Seine)	385
MERCIER	Mercier (Mlle)	Propriétaire	Montreuil-sur-Bois (Seine).	420
MERLAND.......	....	Cultivateur.......	Tremblay (Seine-et-Oise)	11,200
»	Merland (Mlle)	....	Id.	5,600
»	Merland......	....	Id.	5,600
MERLET........	Merlet (Mlle).	Huissier.........	Bordeaux (Gironde).....	990
MERMET (Mme Ve)	Mermet......	Rentière	Rive-de-Gier (Loire)...	5,000
MÉRY	Méry.........	Ingén. des ponts-et-chaussées.	Evreux (Eure).........	500
MESNARD.......	....	Marchand de vin..	Noailles (Oise).........	3,519
»	Mesnard(Mme)	....	Id.	1,035
»	Mesnard......	....	Id.	990
»	Mesnard(Mlle)	....	Id.	1,494
MESTROT	Mestrot	Inspecteur d'assurances.	Bordeaux (Gironde).....	2,700
MÉTEIL........	Méteil (Mlle)..	Notaire..........	Gerberoy (Oise)........	4,000
METZNER	....	Marchand........	Nancy (Meurthe)......	500
»	Metzner......	....	Id.	250
»	Metzner......	....	Id.	250
MEUNIER	....	Propriétaire	Rive-de-Gier (Loire)...	6,000
»	Laurint (Mme)	....	Id.	1,000
»	Meunier......	....	Id.	5,000
MEUNIER.......	....	Marchand de bois	Berthecourt (Oise).....	3,840
»	Meunier (Mlle)	....	Id.	1,200
»	Meunier(Mme)	....	Id.	1,320
»	Meunier......	....	Id.	1,320
MEZEL.........	....	Forgeron........	Saint-Loubès (Gironde)	1,000

NOMS DES SOUSCRIPTEURS.	NOMS DES ASSURÉS.	PROFESSIONS.	DEMEURES.	Sommes
MEZEL........	Mezel........	....	Saint-Loubès (Gironde).	250
»	Mezel (Mlle)..	....	Id.	250
»	Mezel (Mlle)..	....	Id.	500
MEYERHOLS....	....	Tailleur........	Paris (Seine)..........	500
»	Meyerhols (Mme).	....	Id.	250
»	Meyerhols....	....	Id.	250
MIALHE........	Mialhe.......	Rentier..........	Toulouse (Haute-Gar.)..	1,000
MICHAUD.......	Sangnier (Mlle)	Chirurgien........	Andainville (Somme)...	100
MICHAUT.......	Michaut......	Propriétaire......	Paris (Seine)..........	550
MICHEL........	Michel.......	Greffier en chef de la Cour royale.	Bordeaux (Gironde)....	8,415
MICHEL........	Michel.......	Propriétaire......	Peynier (B.-du-Rhône)..	300
MICHEL........	Michel.......	Boulanger........	Paris (Seine)..........	5,890
MICHEL (Mme)..	Michel.......	Rentière.........	Metz (Moselle).........	400
MICHEL........	....	Marchand bottier..	Chambly (Oise)........	200
»	Michel.......	....	Id.	100
»	Michel (Mme).	....	Id.	100
MICHEL........	....	Libraire.........	Fécamp (Seine-Infér.)..	2,000
»	Michel (Mlle).	....	Id.	1,000
»	Michel (Mlle).	....	Id.	1,000
MICHON........	....	Tonnelier........	Ablon (Seine-et-Oise)..	900
»	Michon.......	....	Id.	450
»	Michon (Mlle).	....	Id.	450
MIGNARDET (Mme).	Mignardet (Mme).	Rentier..........	Paris (Seine)..........	1,250
MIGNON........	....	Domestique.......	Beaune (Côte-d'Or)....	500
»	Mignon (Mme)	....	Id.	200
»	Mignon.......	....	Id.	300
MIGNOT........	....	Distillateur.......	Paris (Seine)..........	4,675
»	Mignot.......	....	Id.	1,650

NOMS DES SOUSCRIPTEURS.	NOMS DES ASSURÉS.	PROFESSIONS.	DEMEURES.	Sommes
MIGNOT.	Arnoult femme Mignot.	....	Paris (Seine).........	1,650
»	Mignot.......	....	Id.	1,375
MIGON..........	Migon	Rentier	Besançon (Doubs)......	2,000
MILLARD......	....	Cultivateur.......	Justine (Ardennes).....	840
»	Millard (Mlle).	....	Id.	240
»	Millard.......	....	Id.	300
»	Millard (Mlle).	....	Id.	150
»	Millard.......	....	Id.	150
MILLE.........	....	Menuisier.	Amiens (Somme).......	1,280
»	Mille.........	....	Id.	600
»	Mille.........	....	Id.	680
MILLE	....	Cultivateur.......	Reville (Somme).......	1,000
»	Mille	....	Id.	250
»	Mille (Mme)...	....	Id.	250
»	Mille	....	Id.	250
»	Mille (Mlle)..	....	Id.	250
MILLE.........	Mille	Cultivateur.......	Id.	900
MILLET........	....	Maître maçon.....	Fontainebleau (Seine-et-Marne).	720
»	Millet (Mlle)..	....	Id.	370
»	Millet (Mlle)..	....	Id.	350
MILON	Milon.	Propriétaire	Bonnétable (Sarthe)....	400
MILORY........	Milory	Ferblantier.......	Le Mans (Sarthe).	300
MIROY.........	....	Négociant	Reims (Marne).........	1,800
»	Miroy (Mlle)..	....	Id.	600
»	Miroy........	Négociant	Reims (Marne).........	700
MITHOUARD....	Mithouard....	Propriétaire	Paris (Seine)	2,600
»	Mithouard....	....	Id.	100
»	Mithouard....	....	Id.	2,500

NOMS DES SOUSCRIPTEURS.	NOMS DES ASSURÉS.	PROFESSIONS.	DEMEURES.	Sommes
MOINARD	Moinard......	Tanneur	Montendre (Char.-Inf.).	250
MOINE	Moine.........	Rentier	Laneuville (Ardennes)..	200
MOINE	Moine	Propriétaire.......	Id.	240
MOLINIER......	Molinier	Percept. des contrib. dir.	Lanta (Haute-Garonne).	1,000
MOLLE.........	Molle	Négociant........	St-Clair-sur-Galaure (Is.)	1,500
MOLLIÈRE	Mollière (Mlle)	Ancien agent de ch.	Rochefort (Char.-Infér.).	2,100
MOLYN (Mme)..	Molyn (Mme).	Rentière	Paris (Seine)	250
MOMMELLÉ	....	Tailleur..........	St-Leu (Oise)..........	1,000
»	Mommellé (Mlle).	....	Id.	500
»	Mommellé....	....	Id.	500
MONCEAU......	Monceau(Mlle)	Rentier..........	St-Germainmont (Arden.	240
MONFRANT	....	Propriétaire......	Gensac (Gironde)... ..	8,775
»	Monfrant.....	....	Id.	4,725
»	Monfrant.....	....	Id.	4,050
MONGERIE.....	....	Menuisier	Paris (Seine)	650
»	Mongerie.....	....	Id.	300
»	Mongerie (Mlle).	....	Id.	175
»	Mongerie.....	....	Id.	175
MONNIER	Monnier(Mlle)	Maréchal.........	Magny (Seine-et-Oise)..	550
MONSET........	Monset.......	Commissionnaire de roulage.	Bordeaux (Gironde).....	6,555
MONTAGNE	Montagne	Rentier	Marc-en-Baraul (Nord).	450
MONTALANT (Ve).	Montalant (Mlle).	Rentière	Mitry (Seine-et-Marne).	750
MONTAUDRY...	Montaudry....	March. chapelier..	Bordeaux (Gironde)	2,850
MONTEL.......	Montel.......	Instituteur	Mézières (Somme)	240
MONTERNOT...	Monternot....	Maître charron...	Lyon (Rhône)..........	750
MONTRY (DE)...	....	Direct. de l'*Équitable*.	Paris (Seine)..........	6,100
»	De Montry ...	....	Id.	2,500
»	De Montry ...	....	Id.	2,500

NOMS DES SOUSCRIPTEURS.	NOMS DES ASSURÉS.	PROFESSIONS.	DEMEURES.	Sommes
MONTRY (de)...	Beurdeley....	....	Paris (Seine)..........	1,100
MONTRY (de)...	De Montry....	Négociant........	Dijon (Côte-d'Or)......	3,000
MORAINVILLE..	....	Rentier	Grostheil (Eure)........	450
»	Morainville (Mlle).	....	Id.	250
»	Morainville	....	Id.	100
»	Morainville (Mlle).	....	Id.	100
MORAND.......	Morand......	Boulanger........	Roye (Somme).........	660
MOREAU.......	Moreau......	Cordonnier.......	Le Mans (Sarthe)......	2,280
MOREAU........	Moreau	Notaire..........	Bligny-sur-Ouche (Côte-d'Or).	500
MOREAU	....	Cafetier	Abbeville (Somme).....	970
»	Moreau.......	....	Id.	400
»	Moreau (Mlle).	....	Id.	570
MOREAU	....	Garde de bois....	Cul-des-Essarts (Belgique).	300
»	Moreau	....	Id.	200
»	Moreau	....	Id.	100
MOREAU.......	....	Propriétaire	Commercy (Seine-et-O.)	2,000
»	Moreau (Mlle).	....	Id.	700
»	Moreau (Mlle).	....	Id.	1,300
MOREAUX (Ve)..	Moreaux......	Rentière	Brognon (Ardennes)....	300
MOREL.........	....	Instituteur........	Thiais (Seine)..........	700
»	Morel (Mlle)..	....	Id.	350
»	Morel (Mlle)..	....	Id.	350
MOREL.........	....	Blanchisseur......	Boulogne (Seine)	3,455
»	Morel........	....	Id.	605
»	Morel........	....	Id.	620
»	Morel (Mlle)..	....	Id.	2,230
MOREL.........	Morel.	Marchand de vin...	Trohen-le-Gr. (Somme).	150
MORGUE (DE)...	....	Chirurgien-major..	Toulouse (Haute-Gar.)..	4,380

NOMS DES SOUSCRIPTEURS.	NOMS DES ASSURÉS.	PROFESSIONS.	DEMEURES.	Sommes
MORGUE (DE)...	Claude de Morgue (Mlle).	....	Toulouse (H.-Garonne).	2,280
»	Claude de Morgue (Mlle).	....	Id.	2,100
MORIAMÉ	....	Marbrier.........	Châlons-sur-Marne (Marne).	840
»	Moriamé	....	Id.	280
»	Moriamé	....	Id.	280
»	Moriamé	....	Id.	280
MORIN	Morin........	Distillateur.......	Paris (Seine)..........	500
MORIN	....	Couvreur.........	Saint-Désir de Lisieux (Calvados).	300
»	Morin	....	Id.	100
»	Morin (Mme).	....	Id.	100
»	Morin	....	Id.	100
MORIOT........	....	Fabricant	Paris (Seine)..........	5,000
»	Moriot.......	....	Id.	2,500
»	Moriot (Mme).	....	Id.	2,500
MORISSEAU	Morisseau	Brasseur	Nemours (Seine-et-M.)..	3,000
MORISSET......	Morisset	Propriétaire	Paris (Seine)	5,000
MORVAL	....	Cultivateur.......	Beuvraignes (Oise)......	1,480
»	Morval (Mlle).	....	Id.	480
»	Morval.......	....	Id.	600
»	Morval (Mlle).	....	Id.	400
MOTTU.........	....	Négociant	Paris (Seine)..........	1,000
»	Mottu	....	Id.	500
»	Mottu (Mlle)..	....	Id.	500
MOUJET	....	Boulanger........	Issy (Seine)...........	2,700
»	Moujet.......	....	Id.	2,100
»	Moujet.......	....	Id.	800
MOUJET	Moujet.......	Boulanger........	Issy (Seine)...........	300
MOULIN	Moulin	Blanchisseur......	Boulogne (Seine).......	600

NOMS DES SOUSCRIPTEURS.	NOMS DES ASSURÉS.	PROFESSIONS.	DEMEURES.	Sommes
MOUQUOT......	Mouquot (Mlle)	Boulanger........	Noisy-le-Sec (Seine)...	700
MOUSSARD.....	....	Secrétaire de la mairie.	Choisy-le-Roi (Seine)..	980
»	Moussard......	....	Id.	420
»	Moussard.....	....	Id.	560
MOUTON.......	Mouton......	March. de charbons	Lyon (Rhône)........	420
MOUTON.......	Mouton......	Charron..........	Vigny (Seine-et-Oise)...	500
MURON.........	Bresson......	Rentier..........	Romans (Drôme).......	200
MUSSAULT.....	Mussault.....	Marchand boucher.	Noisy-le-Sec (Seine)....	1,500
MUSSET........	Musset.......	Percepteur.......	Saintes-Terres (Gironde)	6,080
MUSSOT (Mlle)..	Mussot (Mlle).	Rentière.........	Paris (Seine)..........	1,000
MUYOT.........	Muyot.......	Propriétaire......	Arpajon (Seine-et-Oise).	500
NABOT.........	....	Maréchal-des-logis au 7e lancier.	Saint-Germain (Seine-et-Oise).	820
»	Nabot........	....	Id.	100
»	Nabot (Mlle)..	....	Id.	130
»	Peny.........	....	Id.	270
»	Oinville......	....	Id.	220
»	Monguin (Mme).	....	Id.	100
NAISSE.........	Naisse.......	Miroitier.........	Reims (Marne).........	2,500
NANCELLE (Ve).	Nancelle.....	Débitante........	Waucourt (Somme).....	1,100
NATHAN.......	....	Antiquaire.......	Paris (Seine)..........	1,200
»	Nathan (Mlle).	....	Id.	400
»	Nathan......	....	Id.	400
»	Nathan.......	....	Id.	400
NÉDINGER (Mlle)	Nédinger.....	Rentière.........	Paris (Seine).........	500
NÈVE..........	Nève.........	Marchand épicier..	Paris (Seine).........	6,630
NICOLAS.......	....	Garde champêtre..	Ponchard (Seine-et-M.).	1,200
»	Nicolas (Mlle).	....	Id.	400
»	Nicolas (Mme)	....	Id.	400

NOMS DES SOUSCRIPTEURS.	NOMS DES ASSURÉS.	PROFESSIONS.	DEMEURES.	Sommes
NICOLAS........	Nicolas	....	Ponchard (Seine-et-M.).	400
NICOLAS	Nicolas (Mlle).	Huissier..........	Vic (Meurthe)..........	750
NICOLINI.........	Nicolini.........	Commis............	Paris (Seine)..........	250
NICOLLE	....	Rentier...........	Beauvais (Oise)........	3,200
»	Oudaille	....	Id.	1,600
»	Nicolle.........	....	Id.	1,600
NICOMÈDE........	....	Tailleur..........	Laroche-Chalais (Dordogne).	200
»	Nicomède.......	....	Id.	100
»	Nicomède (Mlle).	....	Id.	100
NICOT..........	Nicot (Mlle)..	Direct. de la poste aux lettres.	Saint-Loubès (Gironde).	250
NION, dit DES-LAURIERS.	Nion	Fab. de toiles.....	Bernay (Eure).........	200
NOEL	....	Sellier	Beauvais (Oise)........	5,340
»	Noël (Mlle)...	....	Id.	2,700
»	Noël.........	....	Id.	2,640
NOEL...........	....	March. ferblantier.	Beauvais (Oise)........	6,170
»	Noël (Mlle)...	....	Id.	1,356
»	Noël (Mlle) ..	....	Id.	1,454
»	Noël (Mme)...	....	Id.	1,680
»	Noël.........	....	Id.	1,680
NOEL	Noël (Mlle)...	Meunier	Sagy (Seine-et-Oise) ...	1,800
NOGUEY........	Noguey	Négociant	Bordeaux (Gironde)....	5,600
NOIRON	Noiron.......	Propriétaire......	Reims (Marne)	600
NORMAND	....	Rentier...........	Belleville (Seine)	5,950
»	Normand (Mme).	....	Id.	2,975
»	Normand......	....	Id.	2,975
NORMAND	Normand (Mlle).	Propriétaire	Alençon (Orne).........	500
NOTTA.........	Notta	Propriétaire......	Paris (Seine)..........	2,400
NOVION	Novion.......	Bottier...........	Canny (Oise)	574

NOMS DES SOUSCRIPTEURS.	NOMS DES ASSURÉS.	PROFESSIONS.	DEMEURES.	Sommes
OBLON........	Oblon........	Ébéniste.........	Paris (Seine)...........	500
OBRER.........	Obrer.........	Propriétaire........	Dorres (Pyrénées-Or.)...	240
OBRY...........	Obry (Mme)..	Fabricant........	Villers-Bretonneux (Somme).	3,040
OHL............	Olh..........	Tailleur........	Paris (Seine)...........	600
OLIN...........	Olin..........	Propriétaire......	Château-Thierry (Aisne)	1,000
OLIVIER........	Olivier (Mlle).	Capit. en retraite..	Besançon (Doubs)......	1,000
OLIVIER........	Olivier.......	Marchand tailleur..	Pont-l'Évêque.........	300
OLLAGNIER....	....	Propriétaire......	Montbrison (Loire)......	600
»	Ollagnier.....	....	Id.	300
»	Ollagnier.....	....	Id.	360
OLLIVIER......	Ollivier......	Pharmacien......	Angers (Maine-et-Loire)	500
OPPERT........	Oppert.......	Négociant........	Grenoble (Isère)........	1,000
OSSENT........	....	Marchand tailleur.	Beauvais (Oise)........	2,240
»	Ossent.......	....	Id.	1,110
»	Ossent (Mlle).	....	Id.	1,130
OUVRÉ.........	....	Directeur de blanchisserie.	Moulineaux (Seine-et-O.)	3,250
»	Ouvré (Mlle)..	....	Id.	2,025
»	Ouvré.......	....	Id.	1,225
OZANNE........	....	Employé au chemin de fer.	Ablon (Seine-et-Oise)...	200
»	Ozanne.......	....	Id.	100
»	Ozanne (Mlle).	....	Id.	100
PAGE..........	Page........	Meunier........	Petit-Moulin (Charente-Inférieure).	280
PAGES (DE)....	Pages (de)....	Capit. en retraite..	Marseille (B.-du-Rhône)	3,000
PAGÉS.........	Pagés (Mlle)..	Propriétaire......	Olette (Pyrénées-Or.)..	360
PAILLET.......	Paillet.......	Propriétaire......	Saint-Vivien (Gironde)..	400
PAILLOT.......	Paillot.......	Cultivateur.......	Montloué (Aisne)........	500
PAINGRE.......	....	Peintre sur porcelaine.	Paris (Seine)..........	2,050
»	Paingre......	....	Id.	900

NOMS DES SOUSCRIPTEURS.	NOMS DES ASSURÉS.	PROFESSIONS.	DEMEURES.	Sommes
PAINGRE.......	Paingre (Mme)	....	Paris (Seine)..........	750
»	Paingre (Mlle)	....	Id.	375
»	Paingre......	....	Id.	375
»	Dreyfus (Mlle)	....	Id.	250
PALLIN........	....	Rentier..........	Mouy (Oise)..........	1,575
»	Pallin (Mlle)..	....	Id.	525
»	Pallin........	....	Id.	550
»	Pallin........	....	Id.	500
PANARIOUX....	Panarioux....	Chaussonnier.....	Neuilly (Seine)........	400
PANNETIER (Mme).	....	Rentière.........	Paris (Seine)..........	300
»	Pannetier (Mme).	....	Id.	150
»	Pannetier (Mlle).	....	Id.	150
PANIER........	Panier.......	Vétérinaire.......	Paris (Seine)..........	2,000
PAON..........	....	Marchand tailleur.	Bernay (Eure).........	500
»	Paon.........	....	Id.	250
»	Paon (Mme)..	....	Id.	250
PAPILLON......	Papillon......	Propriétaire......	Eve (Oise)............	1,650
PAQUIER.......	....	Pharmacien......	Fécamp (Seine-Infér.)..	2,000
»	Paquier (Mlle)	....	Id.	500
»	Paquier......	....	Id.	750
»	Paquier......	....	Id.	750
PAQUIN........	....	Menuisier........	Metz (Moselle)........	1,000
»	Paquin.......	....	Id.	600
»	Paquin.......	....	Id.	400
PARISOT.......	....	Négociant........	Paris (Seine)..........	200
»	Parisot.......	....	Id.	100
»	Galliard......	....	Id.	100
PARLANT......	Parlant......	Bottier...........	Laroche-Châlais (Dordogne).	500

NOMS DES SOUSCRIPTEURS.	NOMS DES ASSURÉS.	PROFESSIONS.	DEMEURES.	Sommes
PARMENTIÉ....	....	March. de meubles.	Belleville (Seine).......	600
»	Parmentié....	....	Id.	200
»	Parmentié (Mme).	....	Id.	200
»	Parmentié....	....	Id.	200
PARMENTIER ..	Parmentier...	Pharmacien	Castillon (Gironde).....	2,600
PASCAULT......	Pascault (Mlle)	Avoué à la cour roy.	Bordeaux (Gironde)....	3,000
PASQUIER......	Pasquier	Cultivateur.......	St-Fergent (Ardennes)..	750
PASSAS	Passas........	Imprimeur........	Bolbec (Seine-Infér.) ...	300
PATOCHE.......	....	Teinturier........	Paris (Seine)...........	1,200
»	Patoche......	....	Id.	300
»	Patoche	....	Id.	300
»	Patoche	....	Id.	300
»	Patoche (Mme)	....	Id.	300
PATRY (Ve).....	Patry	Maîtresse blanch..	Boulogne (Seine).......	850
PATRY.........	Patry (Mlle)...	Teinturier........	Mamers (Sarthe).......	1,000
PATUREL.......	Paturel (Mlle).	Propriétaire.......	Bernay (Eure).........	340
PAUL	....	Négociant	Metz (Moselle).........	1,000
»	Paul.........	....	Id.	500
»	Paul.........	....	Id.	500
PAULON........	Paulon (Mlle).	Boulanger........	Neufchâteau (Vosges)...	1,000
PAUTHAN......	....	Agréé au tribunal de commerce.	Pézénas (Hérault).......	2,000
»	Pauthan......	....	Id.	1,000
»	Pauthan......	....	Id.	1,000
PAYAN-MAYOT.	Payan........	Propriétaire......	Tullins (Isère).........	500
PAYEN	....	Propriétaire......	Champion (Somme).....	1,420
»	Payen (Mlle).	....	Id.	720
»	Payen (Mlle)..	....	Id.	700
PAYSANT.......	....	Rentier	Alençon (Orne)........	760

NOMS DES SOUSCRIPTEURS.	NOMS DES ASSURÉS.	PROFESSIONS.	DEMEURES.	Sommes
PAYSANT.......	Paysant......	....	Alençon (Orne)........	360
»	Paysant (Mlle)	....	Id.	400
PÉCHEUX.......	....	Propriétaire......	Brognon (Ardennes)....	400
»	Pécheux......	....	Id.	200
»	Pécheux......	....	Id.	200
PÉLISSIÉ-MIRANDOL.	....	Ancien député....	Mirandol (Lot)........	4,000
»	Pélissié......	....	Id.	2,000
»	Pélissié......	....	Id.	2,000
PELLAS........	Pellas......	Propriétaire......	St-Marcellin (Isère)....	500
PELLETIER.....	....	Typographe......	Paris (Seine)...........	500
»	Pelletier......	....	Id.	250
»	Pelletier(Mlle)	....	Id.	250
PENET.........	Penet........	Propriétaire......	Chatte (Isère)..........	1,150
PENEVERT.....	Penevert.....	Construct. de nav.	Rochefort (Charente-I.).	1,000
PENNELLIER...	....	Limonadier.......	Paris (Seine)..........	1,500
»	Pennellier (Mme).	....	Id.	750
»	Pennellier....	....	Id.	750
PERDU.........	Perdu (Mlle)..	Tailleur	Beauvais (Oise)........	500
PERDU.........	....	Marchand tailleur.	Grandvillers (Oise)......	1,340
»	Perdu (Mlle)..	....	Id.	500
»	Perdu........	....	Id.	500
»	Perdu........	....	Id.	340
PEREY.........	Perey........	Négociant........	Bordeaux (Gironde)....	2,475
PERICHON.....	Perichon(Mlle)	Fabr. de pianos...	Paris (Seine)...........	520
PÉRIEUX.......	....	Rentier..........	Vienne (Isère)........	2,000
»	Perieux......	....	Id.	1,000
»	Perieux (Mme)	....	Id.	1,000
PERIOT........	....	Boulanger........	Paris (Seine)..........	2,000

NOMS DES SOUSCRIPTEURS.	NOMS DES ASSURÉS.	PROFESSIONS.	DEMEURES.	Sommes
PERIOT........	Periot (Mme).	....	Paris (Seine)..........	1,000
»	Periot........	....	Id.	1,000
PERRET........	....	Tailleur.........	Fontainebleau (Seine-et-Marne).	3,000
»	Perret	....	Id.	2,000
»	Perret	....	Id.	1,000
PERRIEZ.......	....	Propriétaire......	Bordeaux (Gironde)	2,020
»	Perriez.......	....	Id.	720
»	Perriez.......	....	Id.	640
»	Perriez (Mme)	....	Id.	660
PERRIN........	Perrin........	Propriétaire.......	Pont-à-Mousson(Meurt.)	100
PERRIOLAT.....	....	Propriétaire	Grandeserre (Drôme)...	900
»	Perriolat.....	....	Id.	500
»	Perriolat.....	....	Id.	400
PERROUSSET...	....	Maître boulanger.	Montrouge (Seine)......	590
»	Perrousset....	....	Id.	280
»	Perrousset....	....	Id.	110
»	Perrousset (Mme).	....	Id.	100
»	Perrousset....	....	Id.	100
PERTUY........	Pertuy.......	Limonadier.......	St-Jean-de-l'Osne (Côte-d'Or.)	3,250
PERUSSEL......	Perussel	Négociant........	Lyon (Rhône)..........	1,000
PESSONNIÉ.....	....	Propriétaire	Peugnac (Gironde).....	2,095
»	Pessonnié	....	Id.	1,025
»	Pessonnié (Mme).	....	Id.	1,070
PETIOT	Petiot........	Charpentier.......	Angoulême (Charente)..	300
PETIT..........	Petit (Mlle)...	Direct. de la poste aux lettres.	Estissac (Aube)........	1,000
PETIT	....	Avocat..........	Toulouse (Haute-Gar.)..	500
»	Petit.........	....	Id.	200
»	Petit.........	....	Id.	300

NOMS DES SOUSCRIPTEURS.	NOMS DES ASSURÉS.	PROFESSIONS.	DEMEURES.	Sommes
PETIT..........	Petit........	Propriétaire......	Bar-sur-Aube (Aube)...	100
PETIT..........	....	Fabricant de sel...	Hautbourdin (Nord)....	2,250
»	Petit.........	....	Id.	450
»	Petit (Mlle)...	....	Id.	900
»	Petit (Mlle)..	....	Id.	900
PETIT..........	Petit.........	Tanneur..........	Marseille (Oise).......	400
PETIT..........	....	Libraire..........	Magny (Seine-et-Oise).	2,300
»	Petit (Mlle)..	....	Id.	850
»	Petit.........	....	Id.	750
»	Petit.........	....	Id.	700
PETIT..........	Petit (Mlle)...	Meunier..........	St-Gervais (Seine-et-O.)..	3,240
PETITFILS.....	Petitfils......	Berger...........	Faux-Lucques (Arden.).	750
PETITFILS-MOURET.	....	Bourrelier........	Villers (Ardennes).....	760
»	Petitfils......	....	Id.	400
»	Petitfils	....	Id.	360
PETITQUEUX...	Petitqueux ...	Sabotier..........	Ligny-le-Petit (Ardenn.)	60
PETROT........	....	Négociant........	Dijon (Côte-d'Or).......	6,850
»	Petrot........	....	Id.	1,300
»	Petrot (Mme).	....	Id.	1,350
»	Petrot (Mlle).	....	Id.	1,400
»	Petrot........	....	Id.	1,400
»	Petrot........	....	Id.	1,400
PETURET.......	....	Docteur médecin..	Paris (Seine)..........	18,000
»	Peturet (Mlle).	....	Id.	6,000
»	Peturet (Mlle).	....	Id.	6,240
»	Peturet (Mlle).	....	Id.	5,760
PETY...........	....	Officier principal d'administration.	Toulouse (Haute-Gar.)..	10,000
»	Pety.........	....	Id.	4,000

NOMS DES SOUSCRIPTEURS.	NOMS DES ASSURÉS.	PROFESSIONS.	DEMEURES.	Sommes
PETY	Pety	....	Toulouse (H.-Garonne).	3,000
»	Pety	....	Id.	3,000
PEUTRAY	....	Propriétaire	Belleville (Seine)	7,100
»	Peutray	....	Id.	1,230
»	Peutray	....	Id.	1,230
»	Peutray (Mme)	....	Id.	1,265
»	Peutray	....	Id.	1,265
»	Peutray	....	Id.	1,105
»	Peutray (Mlle)	....	Id.	1,005
PEUVREL (Ve)..	Peuvrel	Rentière	Franleu (Somme)	200
PEYRANI DE TOURETTE.	Tourette (de).	Cap. en ret., chev. de la Lég.-d'Honn.	Nice (Italie)	3,000
PEYRONNET	Peyronnet	Forgeron	Brans (Aude)	500
PEYROT	....	Propriétaire	Paris (Seine)	12,248
»	Allain (Mme).	....	Id.	2,675
»	Peyrot	....	Id.	1,837
»	Peyrot	....	Id.	2,675
»	Peyrot (Mlle).	....	Id.	5,061
PHILIBERT	....	Rentier	Senlis (Oise)	2,640
»	Philibert (Mme).	....	Id.	1,320
»	Philibert	....	Id.	1,320
PIAT	Piat	Direct. de l'enseig. mutuel.	Châlons-sur-Marne (Marne).	500
PIBOU	Pibou (Mlle)..	Propriétaire	Perpignan (Pyrénées-Or.)	1,500
PICART	Picart	Propriétaire	Champion (Somme)	1,500
PICHON	Pichon	Propriétaire	Ladillac (Gironde)	500
PICHON	....	Propriétaire	Id.	1,500
»	Pichon (Mlle).	....	Id.	500
»	Pichon	....	Id.	500
»	Pichon	....	Id.	500

NOMS DES SOUSCRIPTEURS.	NOMS DES ASSURÉS.	PROFESSIONS.	DEMEURES.	Sommes
PICQ...........	Picq (Mlle)...	Receveur des contrib. direct.	Bourg (Gironde)	700
PICQUE.........	....	Cultiv. et auberg..	Gouvieux (Oise)........	1,640
»	Lombardin...	....	Id.	820
»	Picque.......	....	Id.	820
PIERRET.......	Pierret.......	Ardoisier.........	Rimogne (Ardennes)...	300
PERRET........	Pierret.......	Aubergiste.......	Rimogne (Ardennes)...	300
PIERRON.......	Pierron......	Propriétaire......	Brognon (Ardennes)....	200
PIERROT.......	Pierrot......	Géomètre........	Brognon (Ardennes)....	200
PIGNARD.......	....	Maître teinturier..	Les Brotteaux (Rhône)..	3,000
»	Pignard......	....	Id.	1,500
»	Pignard......	....	Id.	1,500
PIGOU..........	Pigou (Mlle)..	Propriétaire......	Amiens (Somme).......	300
PIGUILLEM (Mlle).	Piguillem	Rentière.........	La Cabanasse (Pyrénées-Orientales).	120
PILLET.........	Pillet........	Marchand........	Doullens (Somme).....	1,000
PILLIER........	Pillier.......	Tailleur..........	Paris (Seine)..........	250
PILLOD.........	Pillod........	Rentier..........	Bordeaux (Gironde)....	1,050
PILLOT.........	Pillot (Mlle)..	Charcutier........	Thierscourt (Oise).....	720
PILON..........	Pilon........	Notaire..........	Le Mans (Sarthe).......	1,000
PINCHON......	Pinchon......	Négociant........	Bordeaux (Gironde)....	225
PINGEON.......	....	Instituteur.......	Echenon (Côte-d'Or)...	780
»	Pingeon......	....	Id.	330
»	Pingeon......	....	Id.	150
PIOT...........	Delaunay.....	Propriétaire......	Angers (Maine-et-Loire)	650
PITIOT.........	Pitiot........	Meunier..........	Rive-de-Gier (Loire)...	400
PLANTIN.......	....	Fab. de chandelles.	Bordeaux (Gironde).....	665
»	Plantin (Mlle).	....	Id.	285
»	Plantin.......	....	Id.	380
PLA............	Pla..........	Rentier..........	Rhodès (Pyrénées-Or.).	300

NOMS DES SOUSCRIPTEURS.	NOMS DES ASSURÉS.	PROFESSIONS.	DEMEURES.	Sommes
PLENEY	Plasson	Arbitre de commerce.	Lyon (Rhône)	1,400
PLISSON	....	Rentière	Paris (Seine)	700
»	Plisson (Mme).	....	Id.	200
»	Plisson (Mlle).	....	Id.	200
»	Plisson (Mlle).	....	Id.	300
POILLOT	Poillot	Boulanger	Boulogne (Seine)	1,500
POINTE	Pointe	Traiteur	Les Brotteaux (Rhône)	1,300
POIRSON	Poirson (Mlle)	Quincaillier	Paris (Seine)	800
POISELET	Poiselet	Négociant	Dijon (Côte-d'Or)	4,800
POISSON	....	Fab. de tapis	Talence (Gironde)	10,865
»	Poisson (Mlle).	....	Id.	1,630
»	Poisson (Mlle).	....	Id.	9,235
POITET	Poitet	Instituteur	Trouhans (Côte-d'Or)	500
POMART	....	Menuisier	Mouy (Oise)	200
»	Pomart	....	Id.	100
»	Pomart	....	Id.	100
POMMIER	Pommier	Meunier	Meaux (Seine-et-Marne).	12,160
PONCIGNON	Poncignon (Mlle).	Capitaine au long cours.	Bordeaux (Gironde)	765
PONS	....	Notaire	Gignac (Hérault)	1,500
»	Pons	....	Id.	500
»	Pons (Mlle)	....	Id.	500
»	Pons (Mme)	....	Id.	500
PONTHIEU	Ponthieu	Propriétaire	Roiglisse (Somme)	700
PORTEBOEUF	....	Boulanger	La Flèche (Sarthe)	400
»	Portebœuf	....	Id.	200
»	Portebœuf	....	Id.	200
PORTIER (Mme).	Portier (Mlle).	Rentière	Paris (Seine)	260
POSTEL	....	Rentier	Rouen (Seine-Inférieure)	4,500

NOMS DES SOUSCRIPTEURS.	NOMS DES ASSURÉS.	PROFESSIONS.	DEMEURES.	Sommes
POSTEL........	Postel (Mlle).	....	Rouen (Seine-Infér.)...	1,500
»	Postel (Mlle)..	....	Id.	1,500
»	Postel (Mlle)..	....	Id.	1,500
POSTEL........	....	Rentière..........	Villers-Bretonneux (Somme).	10,960
»	Postel........	....	Id.	5,670
»	Postel........	....	Id.	5,290
POTÉ...........	Poté.........	Négociant........	Le Mans (Sarthe)......	2,080
POTEL..........	Potel........	Maîtresse blanchisseuse.	Boulogne (Seine).......	585
POTEL..........	....	Commis négociant.	Fécamp (Seine-Infér.)..	3,000
»	Potel........	....	Id.	1,500
»	Potel........	....	Id.	1,500
POTENTIER....	Potentier.....	Cultivateur.......	Mezerolle (Somme).....	340
POTEZ..........	....	Meunier..........	Montdidier (Somme)...	900
»	Potez........	....	Id.	475
»	Potez........	....	Id.	425
POTIER........	Potier.......	Géomètre........	Aouste (Ardennes).....	100
POTIN (Mlle)....	Potin........	Ouvrière.........	Bernay (Eure).........	100
POTTIER......	....	Coutelier.........	Lisieux (Calvados).....	600
»	Pottier.......	....	Id.	250
»	Pottier (Mme).	....	Id.	250
»	Manoury......	....	Id.	100
POTTIER.......	Pottier.......	Meunier..........	Roye (Somme)..........	300
POUCHAN.....	Pouchan.....	Vicaire...........	Bas-Silhen (Hautes-Pyr.)	1,800
POULIN.........	Poulin.......	Maire............	Mancourt (Somme).....	1,300
POULLET......	....	Tanneur..........	Marc (Nord)..........	1,400
»	Poullet.......	....	Id.	600
»	Poullet (Mlle).	....	Id.	800
POULLET......	....	Rentier..........	Aubourdin (Nord).....	400

NOMS DES SOUSCRIPTEURS.	NOMS DES ASSURÉS.	PROFESSIONS.	DEMEURES.	Sommes
POULLET......	Poullet......	....	Hautbourdin (Nord)....	200
»	Poullet.......	....	Id.	200
POUPLIN.......	Pouplin......	Pharmacien	Le Mans (Sarthe).......	2,280
POUPRY-BON-HOMME.	Poupry	Propriétaire	Mamers (Sarthe).......	1,000
POURADIER....	....	Menuisier	Paris (Seine)..........	500
»	Pouradier	....	Id.	250
»	Pouradier (Mme).	....	Id.	250
POURCHELLE..	....	Contre-maître de fabrique.	Amiens (Somme).......	2,600
»	Pourchelle...	....	Id.	650
»	Pourchelle (Mlle).	....	Id.	650
»	Pourchelle...	....	Id.	650
»	Pourchelle (Mme).	....	Id.	650
POURIN	....	Marchand bottier..	Beauvais (Oise)........	19,320
»	Pourin (Mme).	....	Id.	6,500
»	Pourin.......	....	Id.	6,400
»	Pourin.......	....	Id.	6,420
POUVOURVILLE (DE).	....	Propriétaire......	Mulhouse (Haut-Rhin)..	1,000
»	Pourvouville (de).	....	Id.	500
»	Pourvouville (de).	....	Id.	500
POUYDEBAT....	Pouydebat....	Institutrice	Beguay (Gironde).......	500
PRACROS	Pacros.......	Maître d'hôtel....	Pont-du-Château (Puy-de-Dôme.	280
PRAND........	....	Fabricant	Laneuville (Oise)......	5,500
»	Prand (Mlle)..	....	Id.	2,750
»	Prand........	....	Id.	2,750
PRÉAUX.......	Préaux......	Propriétaire.......	Montreuil (Seine)......	1,000
PRÉVOST......	Prévost......	Rentière..........	Paris (Seine)..........	500
PRÉVOST......	Prévost	Bijoutier-joaillier.	Id.	2,000
PRÉVOST Veuve CRÊTÉ.	....	Rentière	Chambly (Oise)........	4,182

NOMS DES SOUSCRIPTEURS.	NOMS DES ASSURÉS.	PROFESSIONS.	DEMEURES.	Sommes
PRÉVOST veuve CRÉTÉ.	Crété (Mlle)..	....	Chambly (Oise)........	1,320
»	Crété........	....	Id.	1,542
»	Hadencourt...	....	Id.	1,320
PROST.........	Prost........	Insp. de l'Équitable	Paris (Seine)........	100
PROUSEL.......	Prousel......	Curé desservant. .	Damery (Somme).......	100
PROUT.........	....	Boulanger........	Lisieux (Calvados).....	500
»	Prout........	....	Id.	250
»	Prout (Mme).	....	Id.	250
PROVOST.......	Provost......	Maréchal ferrant..	Mesnil-Amelot (Seine-et-Marne).	800
PRUNET........	....	Relieur..........	Toulouse (Haute-Gar.).	600
»	Prunet.......	....	Id.	300
»	Prunet.......	....	Id.	300
PUECH.........	Puech (Mlle).	Notaire..........	Lodève (Hérault).......	4,500
PUISSANT......	....	Négociant........	Noailles (Oise).........	6,900
»	Puissant.....	....	Id.	3,450
»	Puissant (Mme).	....	Id.	3,450
QUENTIN.......	....	Négociant........	Beauvais (Oise)........	5,340
»	Quentin(Mme)	....	Id.	2,670
»	Quentin......	....	Id.	2,570
QUENTIN.......	Quentin......	Marchand tailleur.	Louvres (Seine-et-Oise).	700
QUERMELEUC...	Quermeleuc...	Géomètre en chef du cadastre.	La Mans (Sarthe)........	200
QUESNEL (Mlle).	Quesnel......	Rentière.........	Lisieux (Calvados)......	500
QUESSON.......	Quesson......	Propriétaire......	Petit-Niort (Char.-Infér.)	400
QUESTÉ........	Questé.......	Propriétaire......	St-Marc (Seine-et-M.)...	1,100
QUEYREMONT..	Queyremont...	Marchand de vins.	Crillon (Oise)..........	1,400
QUILLARD......	Quillard......	Maire............	Caix (Somme)..........	1,200
QUINQUET......	Quinquet.....	Rentier..........	Bernay (Eure).........	300
RABLE.........	....	Homme de lettres.	Paris (Seine)...........	8,400

NOMS DES SOUSCRIPTEURS.	NOMS DES ASSURÉS.	PROFESSIONS.	DEMEURES.	Sommes
RABLE.........	Rable.......	....	Paris (Seine)..........	2,400
»	Rable.......	....	Id.	6,000
RABUT (Mlle)...	Rabut (Mlle).	Fabric. de corsets.	Paris (Seine)..........	345
RABUTÉ........	....	Rentier..........	Chambly (Oise)........	4,200
»	Rabuté (Mme)	....	Id.	2,100
»	Rabuté......	....	Id.	2,100
RABY..........	Raby........	Employé.........	Givors (Rhône)........	1,000
RACINE........	Racine......	Rentier..........	Paris (Seine)..........	480
RACLE.........	Racle.......	March. de chevaux.	Saul-lès-Rethel (Arden.)	750
RAMBAUD.......	Rambaud (Mlle).	Forgeron.........	St-Genis-de-Pons Charente-Inférieure).	240
RANDAL (baron DE).	....	Propriétaire......	Toulouse (Haute-Gar.).	10,000
»	De Randal (Mlle).	....	Id.	3,600
»	De Randal...	....	Id.	6,400
RASP..........	Rasp........	Rentier..........	Strasbourg (Bas-Rhin)..	2,500
»	Bentz.......	....	Id.	750
»	Bentz.......	....	Id.	500
»	Krieger.....	....	Id.	750
»	Krieger.....	....	Id.	500
RATABOUIL....	Ratabouil....	Propriétaire......	Brain (Aude)...........	375
RATHGEBER (Mlle).	Rathgeber (Mlle).	Rentière.........	Paris (Seine)..........	1,000
RAULET........	Raulet (Mlle).	Rentier..........	Aumâtre (Somme)......	100
RAUX (Mlle)....	....	Rentière.........	Bar-le-Duc (Meuse)...	500
»	Champion....	....	Id.	300
»	Roux (Mlle)..	....	Id.	200
RAVAT.........	....	Légiste..........	Vienne (Isère)........	2,000
»	Ravat (Mme).	....	Id.	1,000
»	Ravat.......	....	Id.	1,000
RAVON.........	....	Négociant........	Angoulême (Charente)..	3,800

NOMS DES SOUSCRIPTEURS.	NOMS DES ASSURÉS.	PROFESSIONS.	DEMEURES.	Sommes
RAVON........	Ravon	....	Angoulême (Charente.).	2,000
»	Ravon........	....	Id.	1,800
RAY..........	....	Fabric. de chap. ..	Paris (Seine).........	10,000
»	Ray..........	....	Id.	5,000
»	Ray..........	....	Id.	5,000
RAYMOND-DUPUIS.	Dupuis.......	Rentier..........	Cenon-Labastide (Gironde).	2,400
RAYNAUD......	....	Notaire..........	St-Chinian (Hérault)....	2,000
»	Raynaud......	....	Id.	1,000
»	Raynaud (Mme).	....	Id.	1,000
RAYSSAC......	....	Secrétaire en chef de la mairie.	St-Pour (Hérault).....	2,500
»	Rayssac	....	Id.	1,000
»	Rayssac......	....	Id.	1,500
REDEUILH......	Redeuilh.....	Propriétaire	Vanzac (Gironde).......	250
REDEUILH......	....	Propriétaire	Begay (Gironde)........	400
»	Redeuilh (Mme).	....	Id.	100
»	Redeuilh (Mlle).	....	Id.	100
»	Redeuilh.....	....	Id.	100
»	Redeuilh.....	....	Id.	100
REGNEAU.......	....	Brasseur.........	Dijon (Côte-d'Or)......	1,500
»	Regneau......	....	Id.	500
»	Regneau	....	Id.	500
»	Regneau	....	Id.	500
REGNIER (Mme).	Regnier	Marchande.......	Autun (Saône-et-Loire).	450
REGNIER.......	....	Ex-percepteur....	Metz (Moselle).........	400
»	Regnier (Mlle)	....	Id.	80
»	Regnier (Mme)	....	Id.	80
»	Regnier (Mlle)	....	Id.	80
»	Regnier (Mlle)	....	Id.	80

NOMS DES SOUSCRIPTEURS.	NOMS DES ASSURÉS.	PROFESSIONS.	DEMEURES.	Sommes
REGNIER.......	Regnier (Mlle)	....	Metz (Moselle).........	80
REGRIER.......	Regrier......	Peigneur de lin....	Aumâtre (Somme).....	225
REIG...........	Reig.........	Sage-femme.......	Perpignan (Pyrénées-Or.)	3,000
RELHIÉ........	Relhié (Mlle).	Rentière.........	Cessac (Lot)...........	3,000
REMOND.......	....	March. de porcs...	Mitry (Seine-et-Marne)..	1,000
»	Remond (Mlle)	....	Id.	500
»	Remond (Mlle)	....	Id.	500
REMOND.......	Remond (Mlle)	Cultivateur.......	Tremblay (Seine-et-Oise)	500
REMOND.......	Remond (Mlle)	Tabletier..........	Andeville (Oise).......	500
REMY (Mlle)....	Remy (Mlle)...	Rentière.........	Neuf-Château (Vosges)..	250
RENARD.......	....	Marchand de vin..	Senlis (Oise)...........	3,080
»	Renard (Mme)	....	Id.	750
»	Renard.......	....	Id.	750
»	Renard (Mme)	....	Id.	700
»	Renard.......	....	Id.	880
RENARD.......	....	Tonnelier........	Ablon (Seine-et-Oise)..	150
RENAULD......	Renauld.....	Propriétaire......	Brognon (Ardennes)....	500
RENAULD......	Renauld (Mlle)	Id.	Signy-le-Petit (Ardenn.)	200
RENAULT (Mme)	Renault (Mme)	Rentier..........	Belleville (Seine).......	3,000
RENAULT......	Renault......	Id.	Agentelle (Somme).....	50
RENAULT......	Renault......	Cultivateur.......	Saint-Maximin (Oise)...	1,300
RENDU.........	Rendu.......	Marchand de bois.	Chambly (Oise).........	4,400
RENET.........	Renet (Mlle)..	Cordonnier.......	Saint-Main (Oise)......	500
RENOUST.......	....	Fab. de cartes de géographie.	Paris (Seine)	4,000
»	Renoust.....	....	Id.	2,000
»	Renoust (Mme)	....	Id.	2,000
RENZI.........	Renzi (Mlle)..	Professeur de langues.	Paris (Seine).......	4,400
REVEL (Mme)...	Revel.......	Bouchère........	Toulouse (Haute-Gar.)..	200

NOMS DES SOUSCRIPTEURS.	NOMS DES ASSURÉS.	PROFESSIONS.	DEMEURES.	Sommes
REY.........	Rey.........	Avocat............	Clermont (Hérault)......	1,000
REYNAUD......	Reynaud.....	Propriétaire.......	Herbez (Basses-Alpes)..	300
RIAULT........	Delauney.....	Propriétaire.......	Angers (Maine-et-Loire).	650
RIBOULOT......	....	Facteur des messageries.	Château-Thierry (Aisne)	950
»	Riboulot.....	....	Id.	300
»	Riboulot.....	....	Id.	300
»	Riboulot.....	....	Id.	350
RIBOUT........	Ribout (Mlle).	Rentier...........	Milly (Seine-et-Oise)...	500
RICAULT.......	....	Cordonnier	Paris (Seine)..........	3,000
»	Ricault (Mme)	....	Id.	1,500
»	Ricault......	....	Id.	1,500
RICHARD.......	....	Propriétaire......	Paris (Seine)...........	600
»	Richard......	....	Id.	300
»	Richard......	....	Id.	300
RICHARD.......	....	Instituteur.......	Verries-Saint-Hilaire (Eure).	300
»	Richard......	....	Id.	150
»	Richard......	....	Id.	150
RICHARD.......	Richard (Mlle)	Maître d'hôtel garni	Paris (Seine).........	550
RICHARD (Mlle).	Richard......	Rentière.........	Bar-le-Duc (Meuse)....	100
RICHARD.......	....	Propriétaire......	Chepniers (Charente-Inf.)	1.100
»	Richard......	....	Id.	550
»	Richard......	....	Id.	550
RICHÉ..........	Riché........	Rentier..........	Sept-Cheval (Ardennes).	50
RIDÈLE.........	Ridèle.......	Marchand tailleur.	Aurillac (Cantal).......	50
RIEUL (Mlle)....	Rieul (Mlle)..	Rentière.........	Bolbec (Seine-Inférieure)	1,000
RIGAILHOU.....	Rigailhou (Mlle).	Notaire honoraire..	Toulouse (Haute-Gar.)..	300
RIGAULT.......	....	Instituteur.......	Gruny (Somme)........	1,900
»	Rigault......	....	Id.	1,000

NOMS DES SOUSCRIPTEURS.	NOMS DES ASSURÉS.	PROFESSIONS.	DEMEURES.	Sommes.
RIGAULT.......	Rigault (Mme)	....	Gruny (Somme)	500
»	Rigaut.......	....	id.	400
RIHL..........	Chaboud-Combay (Mlle).	Sergent infirmier-major à l'hôpital.	Lyon (Rhône).........	500
RINCENT (Ve)...	....	Propriétaire	Estissac (Aube).......	1,000
»	Pouard.......	....	Id.	500
»	Rincent......	....	Id.	500
RIPART........	....	Propriétaire	Dijon (Côte-d'Or)	7,500
»	Pujol (Mme)..	....	Id.	1,500
»	Ripart	....	Id.	1,500
»	Ripart (Mlle)..	....	Id.	1,500
»	Ripart	....	Id.	1,500
»	Ripart	....	Id.	1,500
RIQUIER.......	Riquier	Marchand de vin traiteur.	Boulogne (Seine).......	450
RISLER........	Risler	Négociant........	Paris (Seine)..........	1,500
RIVAGE........	Rivage (Mlle).	Epicier...........	Noisy-le-Sec (Seine)....	800
RIVAL.........	Rival	Ebéniste	Paris (Seine)	1,000
RIVAT.........	....	Id.	Saint-Genis-Terre-Noire (Loire).	3,000
»	Rivat (Mlle)..	....	Id.	1,000
»	Rivat	....	Id.	1,000
»	Rivat (Mlle)..	....	Id.	1,000
RIVETTE.......	Rivette (Mlle).	Fileur	Tourville (Seine-Infér.).	3,600
RIVIÈRE.......	....	Menuisier........	Bernay (Eure).........	200
»	Rivière.......	....	Id.	50
»	Rivière (Mlle).	....	Id.	150
ROBART........	....	March. de meubles.	Beauvais (Oise)	4,000
»	Robart (Mlle).	....	Id.	880
»	Robart (Mlle).	....	Id.	880
»	Robart.......	....	Id.	640

NOMS DES SOUSCRIPTEURS.	NOMS DES ASSURÉS.	PROFESSIONS.	DEMEURES.	Sommes
ROBART........	Robart......	....	Beauvais (Oise).........	720
»	Armet (Mlle).	....	Id.	880
ROBERT........	....	Rentier..........	Bellay (Somme)........	365
»	Robert (Mlle).	....	Id.	170
»	Robert (Mlle).	....	Id.	195
ROBILLE.......	Robille.......	Curé desservant...	Hombleux (Somme)....	2,500
ROBIN..........	Robin........	Notaire et maire..	Loué (Sarthe)..........	3,000
ROBIN..........	Robin.......	Propriétaire......	Lille (Nord)...........	1,000
ROBQUIN.......	Robquin(Mlle)	Pâtissier.........	Louvres (Seine-et-Oise).	800
ROGÉ..........	....	Meunier.........	Brognon (Ardennes)....	100
»	Rogé........	....	Id.	50
»	Rogé........	....	Id.	50
ROGIER-MONCEAU	....	Propriétaire......	Herpy (Ardennes)......	789
»	Rogier.......	....	Id.	390
»	Rogier......	....	Id.	399
ROGNIN........	Rognin......	Propriétaire......	Chattes (Isère).........	850
ROINET........	Roinet.......	Charpentier......	Boisbergue (Somme)....	185
ROLLAND......	....	Huissier.........	Gensac (Gironde)......	5,685
»	Rolland......	....	Id.	2,550
»	Saint-Jean-Lestage.	....	Id.	3,135
ROLLIN........	Rollin.......	Bourrelier........	Senlis (Oise)..........	1,360
RONTY.........	....	Mouleur en sable..	Beaulieu (Ardennes)....	800
»	Ronty.......	....	Id.	400
»	Ronty (Mlle)..	....	Id.	400
ROQUENCOURT.	....	Principal clerc d'huissier.	Roye (Somme)........	1,660
»	Roquencourt..	....	Id.	1,000
»	Ambreville (d').	....	Id.	300

NOMS DES SOUSCRIPTEURS.	NOMS DES ASSURÉS.	PROFESSIONS.	DEMEURES.	Sommes
ROQUENCOURT.	Tailleau......	....	Roye (Somme).........	360
ROSE...........	Rose.........	Marchand tailleur..	Chattes (Isère).........	500
ROSSIGNOL.....	Rossignol....	Percepteur des contribut. directes.	Montendre (Charente-Inférieure)..........	1,000
ROUGET........	....	Armateur........	Fécamp (Seine-Infér.)..	2,800
»	Rouget......	....	Id.	1,000
»	Rouget (Mlle).	....	Id.	500
»	Rouget.......	....	Id.	1,300
ROUSSEAU......	....	Négociant........	Ambarès (Gironde).....	4,000
»	Rousseau.....	....	Id.	2,000
»	Rousseau (Mme).	....	Id.	1,000
»	Rousseau.....	....	Id.	1,000
ROUSSEAU......	Rousseau.....	Maréchal.........	Rimogne (Ardennes)..	400
ROUSSEL.......	Roussel	Négociant........	Paris (Seine)...........	6,600
ROUSSEL.......	Roussel (Mlle).	Grènetier.........	Magny (Seine-et-Oise)..	2,000
ROUSSEL.......	....	Marchand bottier..	Beauvais (Oise)........	1,600
»	Roussel......	....	Id.	860
»	Roussel......	....	Id.	740
ROUSSELLE	....	Rentier..........	Gricourt (Somme)......	590
»	Rousselle (Mlle).	....	Id.	330
»	Rousselle.....	....	Id.	260
ROUSSELLE	Rousselle (Mlle).	Médec. vétérinaire.	Liancourt (Somme).....	150
ROUSTAN (Ve)..	....	Rentière.........	Marseille (Bouches-du-Rhône).	1,000
»	Roustan (Mlle)	....	Id.	500
»	Roustan......	....	Id.	500
ROYER.........	Royer.......	Avocat...........	Angers (Maine-et-Loire)	500
ROYER.	Royer (Mlle).	Rentier..........	Château-Thierry (Aisne)	4,000
ROYÈRE	....	Rentier..........	Marseille (B.-du-Rhône)	1,550
»	Royère.......	....	Id.	1,000

NOMS DES SOUSCRIPTEURS.	NOMS DES ASSURÉS.	PROFESSIONS.	DEMEURES.	Sommes
ROYÈRE........	Royère.......	....	Marseille (B.-du-Rhône).	550
ROZE...	Roze........	Rentier..........	Essômes (Aisne)........	1,000
ROZIÉ..........	Rozié (Mme).	Négociant........	Bordeaux (Gironde).....	900
RUAULT (Mme).	....	Rentière.........	Bernay (Eure).........	750
»	Ruault (Mlle).	....	Id.	250
»	Ruault (Mme).	....	Id.	250
»	Ruault.......	....	Id.	250
RUAULT.........	Ruault.......	Rentier..........	Cerences (Manche).....	50,000
RUFFAUT......	Ruffaut......	Charpentier......	Commercy (Seine-et-O.)	605
RUFFIN.........	....	Rentier..........	Bolbec (Seine-Inférieure)	1,500
»	Ruffin (Mlle).	....	Id.	450
»	Ruffin.......	....	Id.	600
»	Ruffin (Mlle)..	....	Id.	450
RULLEAU......	Rulleau......	Propriétaire......	Blouins (Gironde)......	3,495
RUHT.........	Ruht.........	Bottier...........	Paris (Seine)...........	500
SABATIER......	....	Négociant...	Chevanceau (Charente-Inférieure).	1,845
»	Sabatier (Mlle)	....	Id.	855
»	Sabatier......	....	Id.	495
»	Sabatier(Mme)	....	Id.	495
SAGUET........	Saguet.......	Propriétaire......	Amiens (Somme).......	270
SAGUEZ........	....	Contre-maître de fabrique.	Bellay-sur-Somme (Somme).	1,760
»	Saguez.......	....	Id.	850
»	Saguez (Mlle).	....	Id.	910
SAGUEZ........	....	Id.	Id.	1,450
»	Saguez.......	....	Id.	390
»	Saguez.......	....	Id.	700
»	Saguez.......	....	Id.	360
SAILLANT (Mlle)	Saillant......	Couturière.......	Alençon (Orne)........	250

NOMS DES SOUSCRIPTEURS.	NOMS DES ASSURÉS.	PROFESSIONS.	DEMEURES.	Sommes
SAILLANT......	Saillant.......	Maréchal ferrant..	Alençon (Orne)........	500
SAILLART......	Saillart.......	Entrepr. de routes.	Royglise (Somme).....	1,400
SAINSEVAIN....	....	Charpentier.......	Cadillac (Gironde).....	200
»	Sainsevain....	....	Id.	100
»	Sainsevain (Mme).	....	Id.	100
SAINTARD......	....	Meunier..........	Vernouval (Seine-et-O.)	4,900
»	Saintard......	....	Id.	1,700
»	Saintard......	....	Id.	1,400
»	Saintard (Mlle)	....	Id.	1,800
SAINTARD......	....	Propriétaire......	Vigny (Seine-et-Oise)..	2,100
»	Saintard......	....	Id.	1,200
»	Saintard (Mlle)	....	Id.	900
SAIT-JEAN-LESTAGE.	....	Notaire...........	Gensac (Gironde)......	14,665
»	St-Jean-Lestage.	....	Id.	7,315
»	St-Jean-Lestage	....	Id.	7,350
SALABELLE.....	Salabelle.....	Négociant........	Valence (Drôme).......	1,000
SALES (DE L'ISLE DE).	....	Propriétaire......	Paris (Seine)..........	4,300
»	Sales (De l'Isle de).	....	Id.	2,500
»	Chaté........	....	Id.	500
»	De Coromidas.	....	Id.	1,000
»	Dusautoy.....	....	Id.	300
SALLEUR......	....	Couvreur.........	Mitry (Seine-et-Marne).	1,625
»	Salleur (Mlle).	....	Id.	1,125
»	Salleur.......	....	Id.	500
SALOMON......	Salomon.....	Quincaillier......	Lisieux (Calvados).....	1,000
SALVAT........	....	Propriétaire......	Les Anglas (Pyrénées-O.)	140
»	Salvat (Mlle).	....	Id.	70
»	Salvat (Mlle)..	....	Id.	70

NOMS DES SOUSCRIPTEURS.	NOMS DES ASSURÉS.	PROFESSIONS.	DEMEURES.	Sommes
SANPIERDARENA (Ve).	Sanpierdarena	Fabr. d'almanachs.	Paris (Seine).........	250
SANDRIQUE-CANART.	Sandrique (Mlle).	Négociant........	Rozoy-sur-Serre (Aisne)	7,200
SANS...........	Sans.........	Courtier de comm..	Marseille (B.-du-Rhône).	1,000
SARRAIL........	Sarrail.	Rentier..........	Paris (Seine)..........	8,290
SARDOU........	Sardou.......	Négociant........	Mougins (Var).........	3,000
SATELEER.....	Sateleer......	Employé.........	Paris (Seine)...........	300
SAUBOUX.......	....	Maître de bateaux.	Cadillac (Gironde)......	200
»	Sauboux (Mme)	....	Id.	100
»	Sauboux.....	....	Id.	100
SAULLE........	Saulle.......	Propriétaire......	Bordeaux (Gironde)....	1,710
SAUNIER.......	....	Négociant........	Choisy-le-Roi (Seine)...	1,890
»	Gournay (Mme).	....	Id.	630
»	Saunier......	....	Id.	630
»	Saunier......	....	Id.	630
SAUQUET.......	Sauquet......	Rentier..........	Mulhouse (Haut-Rhin)..	3,000
SAUSEY........	Sausey.......	Propriétaire......	Piney (Aube)..........	450
SAUTREUIL (Mlle).	....	Rentière.........	St-Antoine-la-Forêt (Seine-Inférieure).	200
»	Sautreuil.....	....	Id.	100
»	Sautreuil.....	....	Id.	100
SAUTREUIL....	....	Bottier...........	Bolbec (Seine-Inférieure)	250
»	Sautreuil.....	....	Id.	125
»	Sautreuil.....	....	Id.	125
SAUVAGE.......	Sauvage......	Bottier...........	St-Marc (Seine-et-M.)..	375
SAUVIAC.......	Sauviac......	Huissier..........	Libourne.............	850
SAVARY........	Savary (Mlle).	Graveur..........	Bolbec (Seine-Infér.)...	750
SAVARY........	Savary.......	Tailleur..........	Pont-l'Evêque (Calvados)	100
SCHANDING....	....	Rentière.........	Paris (Seine)..........	1,500
»	Schanding (Mlle).	....	Id.	1,000

NOMS DES SOUSCRIPTEURS.	NOMS DES ASSURÉS.	PROFESSIONS.	DEMEURES.	Sommes
SCHANDING....	Dal (Mlle)....	....	Paris (Seine)........	500
SCHATZ........	....	Brasseur.........	Strasbourg (Bas-Rhin)..	5,000
»	Schatz........	....	Id.	1,000
»	Schatz.......	....	Id.	1,000
»	Schatz.......	....	Id.	1,000
»	Schatz (Mlle).	....	Id.	2,000
SCHEIDER......	....	Capit. d'artillerie..	Lyon (Rhône).......	1,500
»	Scheider.....	....	Id.	900
»	Scheider......	....	Id.	600
SCHELWITZ....	....	Propriétaire......	Paris (Seine)..........	950
»	Schelwitz.....	....	Id.	200
»	Schelwitz (Mme).	....	Id.	200
»	Schelwitz.....	....	Id.	275
»	Schelwitz (Mme).	....	Id.	275
SCHLOSSER.....	....	Fabricant de meub.	Paris (Seine).........	2,000
»	Schlosser.....	....	Id.	1,000
»	Schlosser (Mme).	....	Id.	500
»	Schlosser.....	....	Id.	500
SCHNETZLER...	Schnetzler (Mlle).	Paveur...........	Bolbec (Seine-Inférieure)	1,000
SCHOEBEL.....	....	Tailleur..........	Paris (Seine)..........	600
»	Schoebel......	....	Id.	200
»	Schoebel......	....	Id.	200
»	Schoebel (Mme).	....	Id.	200
SCHWALLIER..	....	Tailleur.........	Paris (Seine)..........	2,000
»	Schwallier....	....	Id.	1,000
»	Schwallier (Mme).	....	Id.	1,000
SCOCARD.......	Scocard (Mme)	Bottier...........	Paris (Seine)..........	250
SEBERT........	Sebert.......	Peintre..........	Louvres (Seine-et-Oise).	600

NOMS DES SOUSCRIPTEURS.	NOMS DES ASSURÉS.	PROFESSIONS.	DEMEURES.	Sommes
SECQUEVILLE...	Secqueville (Mlle).	Artisan..........	Gonesse (Seine-et-Oise).	1,500
SEHOTTE......	....	Marchand tailleur.	Paris (Seine)..........	1,025
»	Sehotte (Mlle).	....	Id.	175
»	Sehotte......	....	Id.	175
»	Sehotte......	....	Id.	175
»	Sehotte......	....	Id.	250
»	Sehotte......	....	Id.	250
SEIGNÉ.........	Seigné.......	Contremaître.....	Paris (Seine)..........	3,000
SEIGNEUR......	Seigneur.....	Rentier..........	Citerne (Somme).......	50
SEIGNEUR......	Seigneur.....	Charron..........	Abbeville (Somme).....	100
SELLIER (Mlle).	Danger.......	Brunisseuse en porcelaine.	Paris (Seine).........	100
SEMEL.........	Semel........	Ancien huissier...	Beauvais (Oise)........	600
SENAC	Sénac (Mlle)..	Ex-avoué, propriét.	Bordeaux (Gironde)....	4,480
SÉNÉCAL.......	Sénécal......	Rentier..........	Bolbec (Seine-Infér.)...	2,000
SENEQUE.......	....	Propriétaire......	Bobigny (Seine)........	1,425
»	Seneque.....	....	Id.	900
»	Seneque.....	....	Id.	525
SEQUEVAL.....	Sequeval (Mlle)	Cultivateur.......	Caix (Somme)..........	1,000
SER (Mlle)......	Ser (Mlle)....	Rentière.........	Paris (Seine)..........	900
SERRAIN.......	Serrain......	Charron..........	Gouvieux (Oise)........	700
SERVIN (Mme)...	Servin (Mlle).	Rentière.........	Lyon (Rhône).........	1,200
SEVERIN.......	Severin (Mlle).	Sellier...........	Paris (Seine)..........	2,750
SIBERT.........	Sibert (Mlle)..	Chirurgien-dentiste	Saint-Etienne (Loire)...	1,500
SIBILLE........	Sibille.......	Rentier..........	Epinal (Vosges.........	500
SIÉGERT.......	Siégert......	Ébéniste.........	Paris (Seine)..........	500
SIGARD, veuve TORNE.	....	Rentière.........	Berthecourt (Oise)......	700
«	Dage.........	....	Id.	350
»	Dage (Mlle)...	....	Id.	350

NOMS DES SOUSCRIPTEURS.	NOMS DES ASSURÉS.	PROFESSIONS.	DEMEURES.	Sommes
SIGWART......	Sigwart......	Graveur..........	Bolbec (Seine-Infér.)...	750
SILHOUETTE...	....	Instituteur.......	Biarritz (Basses-Pyrén).	700
»	Silhouette....	....	Id.	350
»	Silhouette (Mlle).	....	Id.	350
SILVA..........	....	Huissier..........	Bordeaux (Gironde)....	1,980
»	Silva........	....	Id.	990
»	Silva........	....	Id.	990
SIMON (Mlle)....	Simon (Mlle).	Lingère..........	Paris (Seine)..........	550
SIMON..........	Simon.......	Propriétaire.......	Nancy (Meurthe)......	500
SIMON..........	Boucher(Mme)	Propriétaire.......	Louvres (Seine-et-Oise).	1,000
SIMON..........	....	Propriétaire.......	Louvres (Seine-et-Oise).	1,800
»	Simon (Mlle).	....	Id.	1,000
»	Simon (Mlle).	....	Id.	800
SION............	Sion..........	Doreur sur bois...	Bordeaux (Gironde.....	715
SION............	....	Marchand boucher.	Hautbourdin (Nord)....	1,500
»	Sion.........	....	Id.	1,000
»	Sion (Mlle)...	....	Id.	250
»	Sion (Mlle)...	....	Id.	250
SIPRA..........	Sipra........	Employé........	Toulouse (Haute-Gar.)..	500
SOIREAU........	Soireau......	Receveur des domaines.	Argelas (Hautes-Pyrén.).	2,000
SOLLEILLET.....	....	Menuisier et limonadier.	Coutras (Gironde)......	1,030
»	Solleilet......	....	Id.	540
»	Solleilet (Mme)	....	Id.	540
SOLLET.........	....	Plâtrier..........	Montreuil (Seine)......	2,335
»	Sollet........	....	Id.	340
»	Sollet........	....	Id.	335
»	Sollet (Mlle)..	....	Id.	350
»	Sollet (Mlle)..	....	Id.	560

NOMS DES SOUSCRIPTEURS.	NOMS DES ASSURÉS.	PROFESSIONS.	DEMEURES.	Sommes
SOLLET........	Sollet........	....	Montreuil (Seine)......	430
»	Sollet........	....	Id.	320
SONGUY........	Songuy.......	Coiffeur..........	Marseille (B.-du-Rhône)	1,100
SOREL.........	Sorel	Rentier	Aumâtre (Somme)	100
SOUDOYÉ.......	....	Propriétaire......	Montreuil (Seine)......	4,160
»	Soudoyé	....	Id.	2,080
»	Soudoyé(Mme)	....	Id.	2 080
SOUFFLET	....	Maître maçon.....	Beuvraigne (Somme)...	770
»	Soufflet	....	Id.	330
»	Soufflet......	....	Id.	280
»	Soufflet	....	Id.	160
SOULAS	....	Peintre et doreur sur porcelaine.	Paris (Seine).........	990
»	Leclerc	....	Id.	420
»	Leclerc	....	Id.	570
SOURDIS	Sourdis	Négociant	Bordeaux (Gironde)....	450
SPELSAN.......	....	Marchand tailleur.	Brunhamel (Aisne)......	980
»	Spelsan	....	Id.	160
»	Spelsan (Mlle)	....	Id.	300
»	Spelsan (Mlle)	....	Id.	240
»	Spelsan (Mlle)	....	Id.	280
STAC (Mlle).....	Stac (Mlle)...	Rentière	Fécamp (Seine-Infér.)..	300
STEIN	Stein	Rentier	Paris (Seine)..........	5,000
STEINER	Steiner......	Filateur	Signy-l'Abbaye (Ardennes).	200
STOUP-FLANDRIN.	Stoup-Flandrin.	Négociant	Nouvion (Somme).......	500
STREICHER	....	Propriétaire	Saint-Dié (Vosges)	600
»	Streicher.....	....	Id.	200
»	Streicher.....	....	Id.	200
»	Streicher(Mlle)	....	Id.	200

NOMS DES SOUSCRIPTEURS.	NOMS DES ASSURÉS.	PROFESSIONS.	DEMEURES.	Sommes
SULAUX	Sulaux (Mlle).	Entrepreneur des dépêches.	Beauvais (Oise)	750
SUPPLICE		Boucher	Sainte-Geneviève (Oise).	1,800
»	Supplice (Mlle)		Id.	900
»	Supplice		Id.	900
SURET	Suret	Géomètre	Tilloloy (Somme)	600
SURQUIN		Maître armurier au 3e rég. du génie.	Montpellier (Hérault)	9,000
»	Surquin		Id.	2,000
»	Surquin (Mme)		Id.	2,000
»	Surquin (Mlle)		Id.	2,000
»	Surquin (Mlle)		Id.	3,000
SUSSET	Susset (Mlle)	Maréchal	Mitry (Seine-et-Marne).	750
SUSSEY	Sussey	Marchand boucher.	Montigny-sur-Aube (Côte-d'Or).	400
SYRET	Syret	Coiffeur	Paris (Seine)	750
TABARY-SCOTTÉ.		Marchand de bois.	Amiens (Somme)	2,460
»	Scotté (Mme)		Id.	100
»	Scotté		Id.	200
»	Scotté (Mlle)		Id.	2,160
TAILLARD	Taillard	Entrep. des messageries.	Cenon-Labastide (Gironde).	3,740
TAINTURIER		Epicier	Bligny-sur-Ouche (Côte-d'Or).	500
»	Peste		Id.	250
»	Tainturier		Id.	250
TARBÈS	Tarbès	Huissier	Argélès (Hautes-Pyrén.).	300
TARDU	Tardu (Mlle)	Boulanger	Louvres (Seine-et-Oise)	800
TARDY	Tardy	Propriétaire	Longperrier (Seine-et-Marne).	3,000
TARENNE		Débitant	Ménil-St-Firmin (Oise).	300
»	Tarenne (Mlle)		Id.	100
»	Tarenne (Mlle)		Id.	100
»	Tarenne		Id.	100

NOMS DES SOUSCRIPTEURS.	NOMS DES ASSURÉS.	PROFESSIONS.	DEMEURES.	Sommes
TARRIDE......	....	Curé desservant..	Mondouville (H.-Gar.)..	1,000
»	Tarride......	....	Id.	500
»	Tarride (Mll)..	....	Id.	500
TAULÉ (Mme)...	Taulé........	Blanchiss. de linge.	Boulogne (Seine)	550
TAUPIER.......	Saint-Jean Lestage.	Propriétaire......	Juillac (Gironde)......	3,130
TAVEAUX......	Taveaux (Mlle)	Fabricant d'évent.	Ste-Geneviève (Oise)...	1,800
TAYON.........	Tayon.......	Cultivateur	Fauxbaton (Ardennes)...	100
TELLIER.......	Tellier.......	Négociant........	Beauvais (Oise)........	1,000
TELLIEZ........	Telliez.......	Chaussonnier.....	Paris (Seine)...........	500
TEMPLIER......	....	Rentier	Bourg-la-Reine (Seine).	750
»	Templier	....	Id.	250
»	Templier (Mme).	....	Id.	250
»	Templier (Mlle).	....	Id.	250
TEN HOMPEL...	Ten Hompel..	Horloger.........	Fontainebleau (Seine-et-Marne).	500
TENSOU........	Tensou......	Tailleur..........	Paris (Seine)	500
TERNANT......	....	Brossier..........	Cauvigny (Oise).......	585
»	Ternant (Mlle)	....	Id.	120
»	Ternant......	....	Id.	110
»	Ternant (Mlle)	....	Id.	125
»	Ternant (Mlle)	....	Id.	120
»	Ternant (Mme)	....	Id.	110
TERNANT......	....	Id.	Id.	1,220
»	Ternant......	....	Id.	620
»	Ternant......	....	Id.	600
TERRASSON....	Terrasson (Mme).	Propriétaire.......	St-Chamon (Loire).....	2,000
TERTIEUX......	Tertieux.....	Maréchal.........	Muirancourt (Oise).....	900
TÉTARD........	Tétard.......	Fab. de couvertur.	Beauvais (Oise)........	1,000
TÉTARD........	Tétard.......	Id.	Id.	1,000

NOMS DES SOUSCRIPTEURS.	NOMS DES ASSURÉS.	PROFESSIONS.	DEMEURES.	Sommes
TÉTARD........	Tétard	Manufacturier	Beauvais (Oise).......	1,000
TÉTRELLE	....	Peintre en bâtim...	Id.	3,000
»	Tétrelle (Mme)	....	Id.	1,500
»	Tétrelle......	....	Id.	1,500
TEXIER	Texier.......	Rentier..........	Arnouville (Seine-et-O.).	50
THAMBON......	Thambon (Mlle).	Garde-port	St-Jean-de-l'Osne (Côte-d'Or.)	4,200
THÉBAULT (Ve).	Thébaut.......	Rentière.........	Boulogne (Seine).......	630
THENOT........	....	Employé	Paris (Seine)	5,500
»	Thenot (Mme)	....	Id.	2,750
»	Thenot.......	....	Id.	2,750
THERAIN.......	Thérain......	Négociant	Beauvais (Oise)........	750
THERAIN.......	Lagny	Id.	Id.	250
THIAULT.......	Thiault	Propriétaire	Rive-de-Gier (Loire)...	1,000
THIBAUT.......	Thibaut......	Limonadier.......	Paris (Seine)	1,050
THIBEAUX......	Thibeaux.....	Rentier	Dommely (Ardennes)...	400
THIBERT.......	Thibert......	Agent d'affaires...	Mâcon (Saône-et-Loire).	1,050
THIÉBAUT......	....	Cabaretier........	Grapeaumesnil (Oise)...	550
»	Poupé........	....	Id.	300
»	Thiébaut (Mlle).	....	Id.	250
THIÉBAUD......	Thiébaud.....	Epicier..........	Paris (Seine)..........	2,500
THIÉRY-HONNE.	....	Propriétaire......	Maimbressy (Ardennes).	1,000
»	Thiéry (Mlle).	....	Id.	500
»	Thiéry.......	....	Id.	500
THIÉRY-PETIT..	....	Fermier..........	Brunhaines (Aisne).....	960
»	Thiéry (Mlle).	....	Id.	280
»	Thiéry (Mlle).	....	Id.	320
»	Thiéry (Mlle).	....	Id.	360
THIERRY.......	Thierry	Rentier..........	Bernay (Eure)..........	150

NOMS DES SOUSCRIPTEURS.	NOMS DES ASSURÉS.	PROFESSIONS.	DEMEURES.	Sommes
THIERRY........	Guyon	Employé dans les forges.	Loulans (Haute-Saône).	400
THIERRY........	Thierry	Géomètre.........	Pierrefond (Oise).......	50
THILLET	Thillet.......	Ardoisier.........	Lécaillère (Belgique)...	150
THOMASSIN	....	March. de vin trait.	Paris (Seine)..........	1,050
»	Thomassin ...	....	Id.	525
»	Thomassin (Mme).	....	Id.	525
THOREAU DE LÉVARÉ.	De Lévaré....	Négociant	Nemours (Seine-et-M.)..	800
THORY	Thory........	Marc. de vin en gr.	Caix (Somme).........	500
THOUES........	Thoues.......	Propriétaire	Aux Angles (Pyrén-Or.).	200
TIGNOL	....	Facteur à la poste.	Saint-Germain-en-Laye (Seine-et-Oise).	460
»	Tignol (Mlle).	....	Id.	120
»	Tignol.......	....	Id.	140
»	Tignol	....	Id.	200
TILLEUL (Mlle).	Tilleul (Mlle).	Rentière.........	Lille (Nord)..........	1,000
TILLOY.........	....	Fruitier..........	Paris (Seine)	500
»	Tilloy........	....	Id.	250
»	Tilloy (Mme).	....	Id.	250
TINEL..........	....	Juge au tribun. de com. Cons. munic.	Fécamp (Seine-Infér.) ..	3,750
»	Tinel	....	Id.	1,500
»	Tinel	....	Id.	2,250
TINOT	....	Meunier.........	Seraincourt (Ardennes).	920
»	Tinot........	....	Id.	150
»	Tinot........	....	Id.	150
»	Tinot (Mlle)..	....	Id.	140
»	Tinot	....	Id.	120
»	Tinot (Mlle)..	....	Id.	60
»	Tinot........	....	Id.	100
»	Tinot........	....	Id.	100

NOMS DES SOUSCRIPTEURS.	NOMS DES ASSURÉS.	PROFESSIONS.	DEMEURES.	Sommes
TINOT........	Tinot (Mlle)..	....	Seraincourt (Ardennes)..	100
TINTURIER....	....	March. bottier...	Gamache (Somme)......	400
»	Tinturier....	....	Id.	200
»	Tinturier (Mme).	....	Id.	200
TISON..........	Tison........	Propriétaire......	Marines (Seine-et-Oise).	1,300
TISSENDIÉ.....	Tissendié.....	Propriétaire......	Bordeaux (Gironde)....	2,125
TISSERAND.....	Tisserand.....	Fabricant de gants.	Tremblay (Seine-et-Oise)	600
TIXADOR.......	Tixador	Propriétaire......	Perpignan (Pyrénées-Or.)	1,000
TOUCHE........	....	Négociant........	Marseille (B.-du-Rhône)	3,500
»	Touche (Mlle).	....	Id.	1,000
»	Touche (Mlle).	....	Id.	750
»	Touche.......	....	Id.	1,000
»	Touche.......	....	Id.	750
TOUJON........	....	Maître charpentier.	Bernay (Eure).........	800
»	Toujon	....	Id.	500
»	Toujon (Mlle).	....	Id.	300
TOUPILLIER ...	....	Fabr. de brosses..	Sainte-Geneviève (Oise).	1,525
»	Toupillier (Mlle).	....	Id.	500
»	Toupillier (Mlle).	....	Id.	500
»	Toupillier (Mlle).	....	Id.	525
TOURON........	....	Boucher..........	Noisy-le-Sec (Seine-et-Marne).	1,025
»	Touron	....	Id.	1,100
»	Touron	....	Id.	825
TOURRIÈRE....	....	Bottier..........	Paris (Seine)..........	1,000
»	Tourrière	....	Id.	500
»	Tourrière (Mme).	....	Id.	500
TOUTAIN.......	....	Cafetier.........	Lisieux (Calvados)......	600
»	Toutain......	....	Id.	200

NOMS DES SOUSCRIPTEURS.	NOMS DES ASSURÉS.	PROFESSIONS.	DEMEURES.	Sommes
TOUTAIN........	Toutain (Mme)	....	Lisieux (Calvados)......	200
»	Toutain	....	Id.	200
TOUZINI........	....	Fumiste..........	Fontainebleau (Seine-et-Marne).	500
»	Touzini	....	Id.	250
»	Gony	....	Id.	250
TRANCHÉ	....	Négociant	Bordeaux (Gironde)....	5,040
»	Tranché......	....	Id.	2,070
»	Tranché (Mlle)	....	Id.	2,970
TREMBLOT.....	....	Négociant	Villeneuve-St-Georges (Seine-et-Oise).	500
»	Tremblot.....	....	Id.	250
»	Tremblot.....	....	Id.	250
TRENEAU	Treneau......	Insp. de l'*Equitable*.	Paris (Seine)..........	100
TRIBOULLET...	....	Marchand épicier..	Roye (Somme).........	2,700
»	Triboullet (Mlle).	....	Id.	750
»	Triboullet (Mlle).	....	Id.	1,050
»	Triboullet....	....	Id.	900
TRIBOUST (Ve)..	....	Rentière	Ablon (Seine-et-Oise)..	300
»	Renard.......	....	Id.	100
»	Renard (Mlle).	....	Id.	200
TRICOCHE	Tricoche	Propriétaire	Gensac (Gironde).......	2,850
TRILLES	....	Propriétaire	Mont-Louis (Pyrénées-Orientales).	600
»	Trilles (Mlle).	....	Id.	300
»	Trilles (Mlle).	....	Id.	300
TRINTINHAC ...	Trintinhac....	Négociant.........	Marseille (B.-du-Rhône).	1,600
TROCHERIE (Mlle).	Trocherie (Mlle).	Cuisinière........	A la Poôtée (Mayenne).	500
TRONEL	....	Fab. de rouenneries	Rouen (Seine-Inférieure)	20,000
»	Tronel (Mlle).	....	Id.	10,000
»	Tronel.......	....	Id.	10,000

NOMS DES SOUSCRIPTEURS.	NOMS DES ASSURÉS.	PROFESSIONS.	DEMEURES.	Sommes
TRONQUET........	Tronquet.......	Curé desservant...	Rethonvillers (Somme)..	5,000
TRONQUEZ.....	Tronquez....	Aubergiste.......	Bouchoir (Somme)......	800
TROUESSART...	....	Professeur de physique.	Angers (Maine-et-Loire)	2,250
»	Trouessart (Mlle).	....	Id.	1,250
»	Trouessart....	....	Id.	1,000
TUEUX.......	Tueux.......	Fab. de velours...	Amiens (Somme).......	150
TUEUX.........	Tueux.......	Instituteur.......	Le Quesnoy (Somme)...	150
TUQUET.......	....	Charron.........	Marines (Seine-et-Oise).	880
»	Tuquet (Mlle).	....	Id.	480
»	Tuquet......	....	Id.	400
TURPIN........	Turpin......	Instituteur prim...	Pontvallain (Sarthe)....	150
TURPIN........	Turpin (Mlle).	Coiffeur........	Romans (Drôme).......	300
ULRICH........	....	Coiffeur........	Strasbourg (Bas-Rhin)..	3,650
»	Ulrich (Mlle)..	....	Id.	300
»	Ulrich (Mlle)..	....	Id.	150
»	Ulrich (Mlle)..	....	Id.	300
»	Ulrich (Mlle)..	....	Id.	150
»	Ulrich (Mlle)..	....	Id.	250
»	Ulrich........	....	Id.	200
»	Ulrich........	....	Id.	150
»	Ulrich........	....	Id.	2,000
»	Ulrich........	....	Id.	150
URIARTE (DE)..	....	Conseiller d'Etat honoraire.	Paris (Seine)..........	6,000
»	Uriarte (de)...	....	Id.	3,000
»	Uriarte (de)...	....	Id.	3,000
URIOT..........	....	Agent d'affaires...	Compiègne (Oise)......	775
»	Uriot (Mlle)..	....	Id.	400
»	Uriot (Mlle)..	....	Id.	375

NOMS DES SOUSCRIPTEURS.	NOMS DES ASSURÉS.	PROFESSIONS.	DEMEURES.	Sommes
VACHÉ	....	Rentier	Chevilly (Seine)........	2,000
»	Vaché (Mme).	....	Id.	1,000
»	Vaché........	....	Id.	1,000
VACHET	....	Cultivateur.......	Saint-Usage (Côte-d'Or)	620
»	Vachet.......	....	Id.	100
»	Vachet.......	....	Id.	200
»	Vachet (Mlle).	....	Id.	320
VAILLANT......	Vaillant (Mlle)	Brossier	Cauvigny (Oise)........	1,400
VAILLANT	....	Rentier..........	Vaudherland (Seine-et-Oise).	1,000
»	Vaillant......	....	Id.	500
»	Vaillant......	....	Id.	500
VALADOU	....	Architecte........	Paris (Seine)...........	12,655
»	Valadou......	....	Id.	4,645
»	Valadou (Mlle)	....	Id.	5,225
»	Valadou......	....	Id.	2,785
VALAT.........	Valat	Professeur au collége royal.	Bordeaux (Gironde).....	3,000
VALIN	....	Maire............	Chambellay (Maine-et-Loire).	400
»	Valin (Mlle)..	....	Id.	100
»	Valin (Mlle)..	....	Id.	100
»	Valin........	....	Id.	100
»	Valin	....	Id.	100
VALLIARD......	....	Facteur d'orgues..	Paris (Seine)	2,000
»	Valliard......	....	Id.	1,000
»	Valliard (Mme)	....	Id.	1,000
VALLON	....	Propriétaire......	Mantes (Seine-et-Oise)..	1,650
»	Vallon.......	....	Id.	825
»	Vallon.......	....	Id.	825
VALUDE........	....	Propriétaire......	Ganat (Allier).........	930

NOMS DES SOUSCRIPTEURS.	NOMS DES ASSURÉS.	PROFESSIONS.	DEMEURES.	Sommes
VALUDE........	Valude (Mlle).	....	Ganat (Allier).........	200
»	Valude	....	Id.	170
»	Valude	....	Id.	300
»	Valude	....	Id.	260
VANDEWYN-CKELE.	Vandewyn-ckele.	Négociant	Marseille (B.-du-Rhône)	300
VANGARNY.....	Vangarny	Marchand........	Alençon (Orne).........	500
VANIER	Vanier	Marchand épicier..	Villeneuve (Seine)......	525
VANIER........	....	Marchand épicier..	Villeneuve (Seine-et-M.).	500
»	Vanier.......	....	Id.	250
»	Vanier (Mme).	....	Id.	250
VANLATON.....	Vanlaton.....	Fileur	Roubès (Nord)	1,000
VANNIER.......	Vannier (Mlle)	Marchand d'œufs..	Thérénes (Oise)........	500
VANNIER.......	Vannier......	Cultivateur.......	Marigné (Maine-et-L.).	3,359
VARAGNAT	....	Tailleur en cristaux.	Paris (Seine)..........	3,250
»	Varagnat. ...	....	Id.	1,500
»	Varagnat (Mme).	....	Id.	1,500
»	Varagnat.....	....	Id.	125
»	Varagnat (Mme).	....	Id.	125
VARLET........	Varlet (Mlle)..	Cultivateur	Gomont (Ardennes).....	390
VASSEUR (Mme).	Vasseur (Mlle).	Rentière	Aumâtre (Somme)......	100
VATEL.........	Vatel........	Peintre..........	Louvres (Seine-et-Oise).	700
VAUCHÈRE-HUSSON.	....	Rentier	La Moncelle (Ardennes).	350
»	Vauchère (Mlle).	....	Id.	180
»	Vauchère (Mlle).	....	Id.	170
VAUGARNY.....	Vaugarny.....	Marchand	Alençon (Orne)........	500
VAUTHEY	....	Propriétaire......	Seurre (Côte-d'Or).....	1,000
»	Vauthey	....	Id.	500
»	Vauthey......	....	Id.	500

NOMS DES SOUSCRIPTEURS.	NOMS DES ASSURÉS.	PROFESSIONS.	DEMEURES.	Sommes
VECTEN........	....	Maire............	St-Mard (Somme)......	1,750
»	Vecten.......	....	Id.	900
»	Vecten.......	....	Id.	850
VELU...........	Velu.........	Limonadier.......	Beauvais (Oise)........	1,000
VERDIER.......	Verdier	Boucher..........	Mirambeau (Char.-Inf.).	200
VERET.........	....	Fabricant de tissus pour chapeaux.	Bury (Oise)............	1,000
»	Veret (Mlle)..	....	Id.	300
»	Veret........	....	Id.	200
»	Veret (Mlle)..	....	Id.	200
»	Veret (Mlle)..	....	Id.	300
VÉRET.........	....	Marchand épicier..	Voisin-Lieu (Oise).....	500
»	Véret........	....	Id.	250
»	Véret (Mme)..	....	Id.	250
VERNEUIL......	....	Fabricant.........	Paris (Seine)...........	4,000
»	Verneuil (Mme).	....	Id.	2,000
»	Verneuil	....	Id.	2,000
VESIEZ.........	Vesiez.......	Fabric. de panne..	Lucheux (Somme)......	330
VETTIER.......	Vettier.......	Maître cordonnier.	Bolbec (Seine-Infér.)...	500
VIART..........	....	Sellier	St-Leu (Oise)..........	1,200
»	Viart	....	Id.	600
»	Viart	....	Id.	600
VIDAL..........	....	Entrepreneur	Perpignan(Pyrénées-Or.)	970
»	Vidal........	....	Id.	320
»	Vidal	....	Id.	200
»	Casteill..	....	Id.	250
»	Vidal	....	Id.	200
VIENNOT.......	Viennot......	Marchand de vin...	Paris (Seine)..........	500
VIERHAUS......	Vierhaus.....	Maîtresse coutur..	Paris (Seine)..........	2,200

NOMS DES SOUSCRIPTEURS.	NOMS DES ASSURÉS.	PROFESSIONS.	DEMEURES.	Sommes
VIGI..........	....	Chapelier........	Bordeaux (Gironde)....	8,968
»	Vigi........	....	Id.	4,720
»	Vigi (Mme)...	....	Id.	4,248
VIGNAIS........	Vignais......	Poêlier...........	Chambellay (Maine-et-L.)	400
VIGNAUD.......	Texador......	Menuisier........	Perpignan (Pyrénées-Or.)	1,000
VIGNES.........	Vignes.......	Propriétaire......	Beguay (Gironde)......	450
VIGNES.........	....	Id.	Louprac (Gironde)......	1,150
»	Vignes.......	....	Id.	375
»	Vignes.......	....	Id.	375
»	Vignes (Mlle).	....	Id.	400
VIGNOLLES.....	Vignolles.....	Coiffeur..........	Toulouse (Haute-Gar.).	1,200
VILASECA......	....	Officier de santé..	Perpignan (Pyrén.-Or.).	2,320
»	Vilaseca......	....	Id.	2,800
»	Vilaseca......	....	Id.	320
VILLAIN.......	....	Entrepren. de pav.	Paris (Seine).........	2,200
»	Villain.......	....	Id.	1,100
»	Villain (Mme).	....	Id.	1,100
VILLAIN (Ve)...	Villain.......	Cultivateur.......	Gruny (Somme).......	1,000
VILLAUME......	....	Menuisier........	Longueville (Moselle)...	500
»	Villaume.....	....	Id.	250
»	Villaume (Mme).	....	Id.	250
VIMAL-BOYER..	Vimal (Mlle).	Propriétaire et Secrét. de la mairie	Ambert (Puy-de-Dôme).	1,000
VIMONT........	Vimont......	Fabricant........	Bolbec (Seine-Infér.)...	2,000
VINCENT......	....	Fabricant d'ustensiles de ménage.	Paris (Seine)..........	1,000
»	Vincent (Mme)	....	Id.	500
»	Vincent......	....	Id.	500
VINOY.........	Vinoy.......	Maître d'hôtel....	St-Étienne (Isère)......	500
VIOLET........	Violet (Mlle).	Propriétaire......	Belleville (Rhône).....	500

NOMS DES SOUSCRIPTEURS.	NOMS DES ASSURÉS.	PROFESSIONS.	DEMEURES.	Sommes
VIOTTE.........	Viotte........	Direct. des forges..	Loulans (Haute-Saône)..	1,000
VIRIAT (Ve)....	Viriat (Mme)..	Fab. de broderies.	Nancy (Meurthe).......	500
VIVIEN.........	Vivien	Menuisier.........	Bernay (Eure).........	150
VIVIER.........	Vivier........	Juge au tribunal...	Saint-Palais (Basses-Pyrénées).	750
VOCHEL........	....	Mécanicien........	Paris (Seine)..........	2,400
»	Vochel (Mme).	....	Id.	1,200
»	Vochel.......	....	Id.	1,200
VORIN (Ve).....	Vorin........	Boulangère.......	Fécamp (Seine-Infér.)..	800
WALLET.......	....	Rentier..........	Beauvais (Oise)........	2,070
»	Wallet.......	....	Id.	600
»	Wallet (Mme).	....	Id.	600
»	Wallet (Mlle).	....	Id.	870
WARIN.........	Warin	Rentier..........	Marseille (B.-du-Rhône)	560
WARIN.........	Warin	Tailleur..........	La Rue-Saint-Pierre (Loire).	500
WARIN.........	Warin (Mlle)..	Horloger.........	Paris (Seine)..........	1,580
WARNET.......	Warnet (Mlle)	Meunier	Banogue (Ardennes)....	400
WARNIER......	Warnier	Rentier	Vignacourt (Somme)....	250
WARTEL.......	Wartel.......	Id.	Lille (Nord)...........	450
WATRÉ........	....	Directeur de l'office de correspond.	Rouen (Seine-Infér.)...	4,000
»	Watré	....	Id.	2,000
»	Watré	....	Id.	2,000
WATY..........	Waty (Mlle)..	Tisserand	Cherbeaux (Ardennes)..	100
WERRY........	....	Contre-maître	Evergnicourt (Ardennes)	2,200
»	Werry	....	Id.	800
»	Werry (Mlle).	....	Id.	750
»	Werry (Mlle).	....	Id.	650
WEISS..........	Weiss	Trompette au 14e régim. d'artill.	Lyon (Rhône).........	280
WEYGAND......	Weygand....	Cabaretier	Fresnières (Oise).......	450

NOMS DES SOUSCRIPTEURS.	NOMS DES ASSURÉS.	PROFESSIONS.	DEMEURES.	Sommes
WEREG........	Wereg.......	Pastilleur.........	Lyon (Rhône).........	1,190
WISBECQ.......	Wisbecq.....	Propriétaire......	Grand-Rouy (Somme)..	700
WOLFF (DE)...	Wolff (de)...	Négociant........	Bruxelles (Belgique)....	3,000
YVERT........	Yvert (Mlle)..	Fabricant.........	Amiens (Somme)......	250
ZANE..........	....	Boulanger........	Bolbec (Seine-Infér.)...	350
»	Zane.........	....	Id.	200
»	Zane (Mlle)..	....	Id.	150
ZAREMBA......	Zaremba (Mme)	Propriétaire......	Beaume-les-Dames (Doubs).	1,000
ZUTCHZER.....	Zutchzer......	Bottier...........	Ève (Oise).............	750

SUPPLÉMENT.

1er SUPPLÉMENT.

NOMS DES SOUSCRIPTEURS.	NOMS DES ASSURÉS.	PROFESSIONS.	DEMEURES.	Sommes
ADAM..........	Adam........	Maréchal ferrant..	Esvres (Indre-et-Loire).	500
ALEXANDRE...	....	Chapelier	Magny (Seine-et-Oise)..	1,500
»	Alexandre (Mlle).	....	Id.	500
»	Alexandre (Mme).	....	Id.	500
»	Jorelle.......	....	Id.	500
ALLAIRE.......	....	Notaire...........	Rochefort (Charente-I.).	7,000
»	Allaire......	....	Id.	3,850
»	Allaire.......	....	Id.	3,150
ALLINAUD.....	Saizit (Mlle).	Rentier...........	Rouillac (Charente)....	100
ANCELET.	Ancelet......	Rentière.........	Herpy (Ardennes)......	750
ANCELET-BURET.	Ancelet-Buret.	Rentier.	Herpy (Ardennes)......	500
ANGLESY.......	Anglesy (Mlle).	Architecte........	Marseille (B.-du-Rhône)	2,000
ANSAULT	Ansault......	Meunier	Ève (Indre-et-Loire)...	500
ANTHEAUME...	....	Marchand boucher.	Fontenay-sur-Louvres (Seine-et-Oise).	6,800
»	Antheaume...	....	Id.	2,000
»	Antheaume...	....	Id.	1,400
»	Antheaume (Mlle).	....	Id.	3,400
ARNAUD (Mme).	Arnaud (Mme)	Marchande.......	Rive-de-Gier (Loire)...	1,000
ARNON (Mlle)..	Arnon (Mlle).	Lingère..........	Paris (Seine)	200
ARNOUD	....	Maître maçon....	Torcy (Ardennes).....	1,079
»	Bonnin	....	Id.	324
»	Bonnin.......	....	Id.	475
»	Bonnin.......	....	Id.	280
AUBÉ...........	Aubé	Boucher..........	Paris (Seine)	2,000
BACHELIN......	Bachelin (Mlle).	Propriétaire	Villevenare (Marne)...	360
BARBIER.......	Barbier	Pâtissier	Bernay (Eure).........	300
BARLES	....	Propriétaire	Bandel (B.-du-Rhône)..	600
»	Barles	....	Id.	300
»	Barles (Mlle).	....	Id.	300

NOMS DES SOUSCRIPTEURS.	NOMS DES ASSURÉS.	PROFESSIONS.	DEMEURES.	Sommes
BARRE.........	....	Marchand boucher.	Choisy-le-Roi (Seine)..	1,000
»	Barre........	....	Id.	500
»	Barre........	....	Id.	500
BARRE (Mme)..	Barre (Mme)..	Rentière.........	Id.	500
BAUDOUIN......	....	Briquetier........	Thiberville (Eure)......	200
»	Baudouin (Mme).	....	Id.	100
»	Baudouin.....	....	Id	100
BAUDRY........	Baudry.......	Ciseleur..........	Paris (Seine)..........	1,000
BEAUCERF.....	Beaucerf.....	Propriétaire	Louvres (Seine-et-Oise)	800
BEAUDET.......	Beaudet (Mlle)	Id.	Amy (Oise)............	2,200
BEDET..........	....	Boulanger........	Orbais (Marne)........	400
»	Bedet........	....	Id.	200
»	Bedet........	....	Id.	200
BEDET.........	Bedet........	Meunier	Id.	390
BENARD........	Benard.......	Minautier	Vignier (Indre-et-Loire).	2,000
BENOIT........	Benoît.......	Meunier..........	Caix (Somme)..........	720
BERDON........	Berdon......	Receveur buraliste.	Avricourt (Oise).......	480
BERGERET.....	Bergeret (Mlle)	Plâtrier..........	Romans (Drôme).......	300
BERLANCOURT.	Berlancourt...	Débitant.........	Laucourt (Somme).....	350
BERNARD.....	Bernard......	Rentier..........	Lille (Nord)...........	1,000
BERNARD......	....	Propriétaire......	Échenon (Côte-d'Or)....	9,300
»	Bernard......	....	Id.	1,000
»	Bernard (Mlle)	....	Id.	1,300
»	Bernard (Mlle)	....	Id.	1,500
»	Bernard......	....	Id.	1,700
»	Bernard (Mlle)	....	Id.	1,800
»	Bernard......	....	Id.	2,000
BERNARD......	Ranger.......	Propriétaire......	Rouillac (Charente).....	250

NOMS DES SOUSCRIPTEURS.	NOMS DES ASSURÉS.	PROFESSIONS.	DEMEURES.	Sommes
BERTAUT.......	Bertaut	Mécanicien.......	Ennetière (Nord).......	800
BERTHAULT....	....	Aubergiste	Montmort (Marne).	1,230
»	Berthault.....	....	Id.	380
»	Berthault.....	....	Id.	450
»	Berthault (Mlle).	Propriétaire	Id.	400
BERTHAULT....	....	Cultivateur.......	Villiers-sur-Marne (Seine-et-Oise).	540
»	Berthault (Mlle).	....	Id.	320
»	Berthault (Mlle).	....	Id.	220
BERTHÔME.....	Berthôme	Rentier	Lisieux (Calvados)	400
BIDAULT.......	Bidault......	Adm. de l'*Equit*..	Paris (Seine)	100
BIDEAUX (Mlle)..	Bideaux (Mlle)	Rentière	Grostheil (Eure).......	100
BITSCH.........	Bitsch (Mlle)..	Menuisier	Orbais (Marne)........	400
BLAIS..........	Blais.........	Vicaire...........	Alençon (Orne)........	1,000
BLANC.........	Blanc	Propriét. et négoc.	Cabanasse (Pyrénées-O.)	540
BLANCHARD ...	Blanchard....	Rentier..........	Chamblac (Eure).......	100
BLANCHARD ...	Blanchard (Mlle).	March. de faïence..	Mamers (Sarthe).......	3,200
BLED	Bled (Mlle).	Ciseleur..........	Paris (Seine)..........	1,000
BLIN............	Blin	Maréchal.........	Damery (Somme)	800
BOIGEOL	....	Capit. au 8e régim. d'artillerie.	Mulzig (Bas-Rhin)......	3,000
»	Boigeol	....	Id.	500
»	Boigeol.......	....	Id.	1,000
»	Boigeol (Mlle).	....	Id.	500
»	Boigeol (Mlle).	....	Id.	1,000
BOMBARD......	Bombard(Mlle)	Fermier..........	Fontenay-lès-Louvres (Seine-et-Oise).	3,600
BOMPART......	....	Ferblantier.......	Magny (Seine-et-Oise)..	1,500
»	Bompart(Mlle)	....	Id.	1,000
»	Bompart	....	Id.	500
BONAY.........	....	Boulanger........	Bernay (Eure).........	300

NOMS DES SOUSCRIPTEURS.	NOMS DES ASSURÉS.	PROFESSIONS.	DEMEURES.	Sommes
BONAY	Bonay (Mme).	....	Bernay (Eure).........	100
»	Bonay	....	Id.	100
»	Bonay	....	Id.	100
BONCOMPIN	....	Limonadier.......	Saint-Etienne (Loire)...	600
»	Boncompin...	....	Id.	150
»	Boncompin...	....	Id.	150
»	Boncompin (Mlle).	....	Id.	150
»	Boncompin (Mlle).	....	Id.	150
BOUCHEZ.......	....	Boucher	Orbais (Marne)	540
»	Bouchez	....	Id.	180
»	Bouchez......	....	Id.	180
»	Bouchez(Mlle)	....	Id.	180
BOUFFEL	....	Rentier	Mezerolles (Somme)....	300
»	Bouffel.......	....	Id.	100
»	Bouffel.......	....	Id.	100
»	Bouffel (Mlle).	....	Id.	100
BOULANGÉ	Boulangé (Mlle).	Instituteur.......	Villers (Ardennes)......	200
BOULÉ	....	Gendarme..	Bourg-la-Reine (Seine).	1,000
»	Boulé (Mme)..	....	Id.	500
»	Boulé........	....	Id.	500
BOULLET.......	Boullet (Mlle).	Orfévre	Montmirail (Marne)....	400
BOULOGNE.....	Boulogne.....	Fab. de voitures...	Sceaux (Seine).........	500
BOURDIER......	Bourdier(Mlle)	Prop. et huissier..	Montaigut (Puy-de-Dôme).	600
BOURSE, dit PAUL.	Bourse	Aubergiste	Urely (Somme)	1,100
BOUTET	....	Propriétaire	Esvres (Indre-et-Loire).	1,200
»	Boutet (Mlle).	....	Id.	700
»	Boutet	....	Id.	500
BOUTHEMOTTE	Bouthemotte..	Rentière	Sceaux (Seine).........	1,000

NOMS DES SOUSCRIPTEURS.	NOMS DES ASSURÉS.	PROFESSIONS.	DEMEURES.	Sommes
BOUYER........	Bouyer.......	Aumônier de la Marine.	Rochefort (Charente-Inférieure).	1,000
BRAILLON	Braillon......	Cultivateur.......	Caix (Somme)..........	1,600
BRÉAVOINE	....	Propriétaire	Saint-Clair-d'Avrey (Eure).	400
»	Bréavoine (Mlle).	....	Id.	100
»	Bréavoine (Mlle).	....	Id.	100
»	Bréavoine (Mlle).	....	Id.	100
»	Bréavoine	....	Id.	100
BRÉCION	....	March. bonnetier..	Orbais (Marne)........	150
»	Brécion	....	Id.	75
»	Brécion (Mlle).	....	Id.	75
BRESSON.......	Bresson	Ferblantier.......	Romans (Drôme).......	300
BRISSON	Brisson (Mlle).	Horloger	Montmort (Marne).....	300
BROCHOT	Brochot (Mlle)	Serrurier.........	Orbais (Marne)	360
BRUNELLO(Mlle)	Brunello(Mlle)	Rentière	Marseille (Bouches-du-Rhône).	1,000
BRUYER........	....	Propriétaire	Morchain (Somme).....	2,160
»	Bruyer (Mlle).	....	Id.	660
»	Bruyer.......	....	Id.	600
»	Bruyer (Mlle).	....	Id.	900
BUISSON (Mme).	Buisson	Rentière.........	Bernaprès (Somme)....	160
CAISSIAL.......	Caissial	Boulanger........	Pézénas (Hérault)......	2,000
CAREL-GENTIL.	....	Négociant	Tours (Indre-et-Loire)..	4,000
»	Carel-Gentil (Mlle).	....	Id.	1,000
»	Carel-Gentil (Mlle).	....	Id.	1,000
»	Carel-Gentil (Mlle).	....	Id.	1,000
»	Carel-Gentil .	....	Id.	1,000
CARLIER.......	Carlier (Mlle).	Cabaretier........	Labassée (Nord).	1,000
CARNAIN.......	Carnain......	Teinturier........	Fournes (Nord)........	300
CARON.........	....	Propriétaire	Beaulieu (Oise).........	720

NOMS DES SOUSCRIPTEURS.	NOMS DES ASSURÉS.	PROFESSIONS.	DEMEURES.	Sommes
CARON.........	Caron.......	Propriétaire......	Beaulieu (Oise)........	300
»	Caron........	....	Id.	420
CARON.........	....	Cordonnier.......	Paris (Seine)..........	580
»	Caron........	....	Id.	280
»	Caron (Mlle)..	....	Id.	300
CARPENTIER...	Carpentier...	Instituteur.......	Rosière (Somme)......	950
CARPENTIER...	Guérin (Mlle).	Fermier..........	Bonnières (Pas-de-Cal.)	300
CARROUGET....	....	Boucher.........	Villiers-sur-Marne (Seine-et-Oise).	1,200
»	Carrouget....	....	Id.	340
»	Carrouget (Mlle).	....	Id.	360
»	Carrouget (Mlle).	....	Id.	260
»	Carrouget....	....	Id.	240
CARTON........	....	Instituteur.......	Mayencourt (Somme)...	1,000
»	Carton.......	....	Id.	600
»	Carton.......	....	Id.	400
CASSE..........	Casse........	Meunier..........	St-Jean-Pla-de-Corps (Pyrénées-Orientales).	210
CASTEX........	Idrac........	Tanneur.........	Perpignan (Pyrénées-O.)	300
CAVART........	....	Rentier..........	Vendresse (Ardennes)..	684
»	Cavart.......	....	Id.	360
»	Cavart.......	....	Id.	324
CHAMPENOY...	Champenoy...	Propriétaire......	Villy (Ardennes).......	400
CHARLAND.....	....	Boulanger........	Tours (Indre-et-Loire).	4,500
»	Charland (Mlle).	....	Id.	1,500
»	Charland (Mlle).	....	Id.	1,500
»	Charland (Mlle).	....	Id.	1,500
CHARLES.......	....	Rentier..........	Orbais (Marne)........	3,240
»	Charles (Mlle).	....	Id.	1,800
»	Charles (Mlle).	....	Id.	1,440

NOMS DES SOUSCRIPTEURS.	NOMS DES ASSURÉS.	PROFESSIONS.	DEMEURES.	Sommes
CHARPENTIER .	Charpentier (Mlle).	Tailleur	Orbais (Marne)........	950
CHAUVEL.......	....	Rentier	Bernay (Eure).........	200
»	Toutenel.....	....	Id.	100
»	Chauvel......	....	Id.	100
CHEVAL........	....	Rentier	Beaune (Côte-d'Or).....	125
»	Jacob........	....	Id.	50
»	Cheval.......	....	Id.	75
CLANCHET.. ..	....	Tailleur..........	Senlis (Oise)..........	1,300
»	Clanchet	....	Id.	650
»	Clanchet (Mme).	....	Id.	650
CLEFF..........	Cleff.........	Ciseleur..........	Paris (Seine)	1,500
CLERGET......	....	Boucher..........	Arceuil (Seine).........	1,500
»	Clerget	....	Id.	300
»	Clerget (Mlle).	....	Id.	300
»	Clerget	....	Id.	300
»	Clerget (Mlle)	....	Id.	300
»	Clerget (Mme).	....	Id.	300
COFFIN	Coffin (Mlle)..	Marchand de blé..	Le Quesnel (Somme)...	1,000
COLLET........	Collet (Mlle).	Rentière.........	Bernay (Eure).........	50
COLTEAUX.....	Colteaux	Id.	Pûré (Ardennes).	180
COMMELIN......	Commelin....	Marchand de blé..	Tilloloy (Somme)......	400
CONNIN (Mme).	Connin.......	Rentière.........	Esvres (Indre-et-Loire).	750
CORNEILLE	Corneille.....	Marchand tailleur.	Mirambeau (Char.-Inf.).	400
CORNET-LA-GUERRE.	Cornet (Mlle).	Rentier..........	Chomery (Ardennes)...	180
COUDRAY	Coudray(Mlle)	Notaire et maire...	Congé-sur-Orne (Sarthe)	1,500
COUSIN.........	Cousin.......	Fermier..........	Fontenay-lès-Louvres (Seine-et-Oise).	1,000
CRAPPIER......	Crappier	Menuisier........	Caix (Somme).	450
CRAPPIER......	Crappier.....	Charpentier.......	Id.	350

NOMS DES SOUSCRIPTEURS.	NOMS DES ASSURÉS.	PROFESSIONS.	DEMEURES.	Sommes
CREDO (Mlle)...	Credo (Mlle)..	Couturière......	Montmort (Marne).....	500
CREDO.........	....	Charron	Id.	690
»	Credo........	....	Id.	300
»	Credo........	....	Id.	390
CRÉVEAUX.....	Créveaux (Mlle).	Vigneron.........	Villers (Ardennes).....	500
CUVREAU......	....	Serrurier.........	Mesnil-Guillaume (Calvados).	400
»	Cuvreau......	....	Id.	200
»	Cuvreau(Mme)	....	Id.	200
DAMAME.......	....	Libraire.........	Evreux (Eure).........	2,260
»	Damane......	....	Id.	1,000
»	Damane......	....	Id.	1,260
DANCRE	Dancre.......	Charron..........	Laucourt (Somme)......	420
DARNET........	....	Boulanger........	Périgueux (Dordogne)..	11,790
»	Darnet (Mlle).	....	Id.	7,180
»	Darnet (Mlle).	....	Id.	4,610
DEBON	Debon (Mlle).	Dir. des Messag. R.	Rochefort (Char.-Infér.)	800
DEHÉE.........	....	Brasseur.........	Doullens (Somme)......	1,500
»	Dehée (Mlle).	....	Id.	500
»	Dehée (Mlle).	....	Id.	500
»	Dehée........	....	Id.	500
DEJARDIN......	Dejardin.....	Jardinier.........	Roye (Somme)........	390
DELARUE	Delarue(Mlle).	Propriétaire......	Les Loges (Somme).....	540
DELATTE.......	Delatte.......	Id.	Beuvraignes (Somme)...	500
DELAUNÉE	Delaunée.....	Coiffeur..........	Autun (Saône-et-Loire).	400
DESCHAMPS....	Deschamps...	Tonnelier	Beaune (Côte-d'Or).....	500
DESHAYES	Deshayes (Mlle).	Tailleur..........	Paris (Seine).........	250
DESHAYES......	....	March. de graines.	Montmirail (Marne)....	1,000
»	Deshayes.....	....	Id.	480

NOMS DES SOUSCRIPTEURS.	NOMS DES ASSURÉS.	PROFESSIONS.	DEMEURES.	Sommes
DESHAYES.....	Deshayes.....	....	Montmirail (Marne)....	520
DESHAYES......	Deshayes.....	Limonadier.......	Vernon (Eure).........	1,500
DESMANT	....	Boulanger........	Tours (Indre-et-Loire)..	2,700
»	Springinsfeld (Mme).	....	Id.	1,000
»	Desmant	....	Id.	1,700
DESMAZURES ..	Desmazures ..	Rentier	Bernay (Eure).........	300
DESPRÉS-ENJUBAULT.	Després-Enjubault.	Adm. caiss. de l'*Equitable*.	Paris (Seine)...........	100
DEVEVEY	Devevey (Mlle)	Négociant en vins.	Beaune (Côte-d'Or)....	600
DEVIENNE......	Benteux......	Cultivateur.......	Bonnières (Pas-de-Cal.)	300
DRAVIGNY (Mlle)	Bouas........	Rentière	Paris (Seine)	1,800
DROUILLY	....	Cultivateur.......	Baye (Marne).........	1,750
»	Drouilly......	....	Id.	250
»	Drouilly......	....	Id.	380
»	Drouilly......	....	Id.	340
»	Drouilly (Mlle)	....	Id.	420
»	Drouilly (Mlle)	....	Id.	360
DUBOIS.........	Dubois (Mlle).	Meunier..........	Amy (Oise)...........	1,000
DUBOIS.........	Dubois (Mme)	Fabr. de couvertur.	Lille (Nord)...........	1,000
DUBOIS.........	....	Instituteur	Vernon (Eure).........	1,000
»	Dubois.......	....	Id.	450
»	Dubois (Mlle).	....	Id.	550
DUFLOS........	....	Cultivateur.......	Laucourt (Somme)	1,140
»	Duflos	....	Id.	360
»	Duflos	....	Id.	420
»	Duflos (Mlle).	....	Id.	360
DUGRAIS.......	Dugrais......	Maître d'hôtel....	Bonnétable (Sarthe)....	2,550
DUPLAIS	Duplais (Mlle).	Propriétaire......	Rochefort (Charente-I.).	700
DUPONT........	Dupont	Fabric. de tresses.	Laucourt (Somme).....	380

NOMS DES SOUSCRIPTEURS.	NOMS DES ASSURÉS.	PROFESSIONS.	DEMEURES.	Sommes
DUPREY........	....	Tisserand	Thibouville (Eure).....	130
»	Duprey	....	Id.	100
»	Duprey (Mlle).	....	Id.	30
DUTEIL.	Duteil (Mlle)..	Négociant	Combronde (Puy-de-Dôme).	380
ENJUBAULT (Mme).	Desprès	Propriétaire	Le Mans (Sarthe)	530
ESTERLIN......	....	Boulanger........	Rouillac (Charente).....	150
»	Esterlin (Mlle)	....	Id.	75
»	Esterlin (Mlle)	....	Id.	75
ESTOC..........	....	Meunier..........	Mécringes (Marne).....	1,000
»	Estoc (Mlle)..	....	Id.	450
»	Estoc	....	Id.	550
ETIENNE	....	March. de bois....	Vernon (Eure).........	3,040
»	Etienne	....	Id.	1,600
»	Etienne......	....	Id.	1,440
FABRE (Mme)...	Fabre (Mme).	Bouchère.........	Marseille (B.-du-Rhône)	400
FASQUET.......	....	Cordonnier	Orbais (Marne)........	2,500
»	Fasquet......	....	Id.	1,200
»	Fasquet......	....	Id.	500
»	Fasquet (Mme)	....	Id.	800
FAU............	Fau	Négociant	Bordeaux (Gironde)....	400
FAY............	Fay	Cordonnier.....	Villers-l'Hôpital (Pas-de-Calais).	300
FEUILLOLEY ...	Feuilloley (Mlle).	Propriétaire	Magny (Seine-et-Oise)..	5,850
FONTAINE	Fontaine	Elève en pharmacie	Alençon (Orne)........	500
FOURCADE	....	Scieur de long....	Saint-Hippolyte (Pyrénées-Orientales).	2,120
»	Fourcade.....	....	Id.	200
»	Fourcade (Mme).	....	Id.	200
»	Fourcade.....	....	Id.	700
»	Fourcade.....	....	Id.	420

NOMS DES SOUSCRIPTEURS.	NOMS DES ASSURÉS.	PROFESSIONS.	DEMEURES.	Sommes
FOURCADE.....	Fourcade.....	....	Saint-Hippolyte (Pyrénées-Orientales).	600
FRANÇOIS	François	Propriétaire	Jauldes (Charente)	500
FRESCHES (Ve).	Fresches.....	Propriétaire......	Perpignan (Pyrénées-O.)	1,500
FREZARD	....	Notaire honoraire, dir. de l'*Equit.*	Strasbourg (Bas-Rhin)..	3,000
»	Frezard (Mlle)	....	Id.	1,500
»	Frezard (Mlle)	....	Id.	1,500
FROISSART	Froissart(Mlle)	Rentier..........	Barby (Somme)........	240
GAGNEUX	Gagneux(Mlle)	Aubergiste	Villevenard (Marne)....	480
GALICHET	Galichet.....	Conducteur.......	Orbais (Marne)	600
GARNIER......	....	Boulanger........	Tours (Indre-et-Loire)..	6,000
»	Garnier......	....	Id.	3,000
»	Garnier (Mme)	....	Id.	3,000
GASPARD	....	Propriétaire......	Gratentour (Haute-Gar.)	300
»	Gaspard......	....	Id.	100
»	Gaspard (Mlle)	....	Id.	100
»	Gaspard (Mlle)	....	Id.	100
GAY...........	Gay (Mlle)...	Tonnelier	Rochefort (Charente-Inférieure).	500
GERZAT (Ve) ...	....	Propriétaire......	Coudoné (Gers)........	2,090
»	Depis (Mlle)..	....	Id.	1,050
»	Depis (Mlle)..	....	Id.	1,040
GIRAUT	....	Employé	Paris (Seine).	1,000
»	Giraut	....	Id.	500
»	Giraut (Mme).	....	Id.	500
GOBET	....	Propriétaire	Hardinval (Somme)....	1,100
»	Gobet-Watier.	....	Id.	500
»	Macron (Mlle).	....	Id.	600
GOMBERT	Gombert	Rentier..........	Fournes (Nord)........	200
GOUMONDIE....	....	Agent voyer......	Aubeterre (Charente)...	875

NOMS DES SOUSCRIPTEURS.	NOMS DES ASSURÉS.	PROFESSIONS.	DEMEURES.	Sommes
GOUMONDIE....	Goumondie (Mlle).	....	Aubeterre (Charente)...	425
»	Goumondie (Mlle).	....	Id.	450
GOUSSARD.....	Goussard.....	Boulanger........	Mamers (Sarthe).......	600
GRAND.........	Grand (Mlle)..	Maréchal	Louvres (Seine-et-Oise).	450
GRAND.........	Grand........	Libraire	Bernay (Eure).........	100
GROISIER	Groisier (Mlle)	Tuilier...........	Orbais (Marne)........	450
GROSSEMY.....	Grossemy	Fab. de panne....	Doullens (Somme)......	300
GUENET........	....	Garde champêtre..	Grostheil (Eure)	300
»	Guenet.......	....	Id.	150
»	Guenet.......	....	Id.	150
GUENON........	....	Propriétaire	Villevenard (Marne)....	860
»	Guenon	....	Id.	170
»	Guenon (Mlle)	....	Id.	130
»	Guenon	....	Id.	320
»	Guenon	....	Id.	240
GUÉRARD......	....	Marchand de fer..	Vernon (Eure).........	1,400
»	Guérard (Mlle)	....	Id.	600
»	Guérard......	....	Id.	800
GUÉRIN	Guérin.......	Propriétaire......	Orbais (Marne)	120
GUERLE (HÉGUIN DE).	....	Ancien inspecteur de l'Université.	Vincennes (Seine)......	6,000
»	Héguin de Guerle	....	Id.	3,000
»	Héguin de Guerle.	....	Id.	1,000
»	Héguin de Guerle (Mlle).	....	Id.	2,000
GUICHAUD	Guichaud	Rentier	Rouillac (Charente)....	250
GUILLAIM......	Barnave......	Rentier	Trohen-le-Grand (Somme).	100
GUILLEMIN.....	Guillemin (Mlle).	Relieur	Paris (Seine)	800
GULLET........	Guillet.......	Débitant	Bouchoir (Somme)	800
GUILLOTIN.....	....	Propriétaire......	Neufbourg (Eure)......	200

NOMS DES SOUSCRIPTEURS.	NOMS DES ASSURÉS.	PROFESSIONS.	DEMEURES.	Sommes
GUILLOTIN.....	Guillotin(Mlle)	....	Neufbourg (Eure)......	100
»	Guillotin (Mme).	....	Id.	100
GUITER.........	....	Propriétaire	St-Laurent-la-Salanque (Pyrénées-Or.).	4,040
»	Guiter (Mlle)..	....	Id.	2,040
»	Guiter	....	Id.	2,000
HAGNIER (Ve)..	Hagnier (Mlle)	Rentière.........	Montmirail (Marne)....	390
HAUBERT	Haubert......	Boulanger........	Bernay (Eure)..........	100
HAUBLET.......	Haublet (Mlle)	Orfévre..........	Vernon (Eure).........	2,400
HAUTETERRE (DE).	Hauteterre (de)	Avocat...........	Evreux (Eure).........	2,000
HÉBERT........	Hébert	Epicier...........	Pacy (Eure)...........	600
HELLANT......	....	March. de draps...	Paris (Seine)...........	2,000
»	Hellant.......	....	Id.	1,000
»	Hellant (Mme).	....	Id.	1,000
HERTOUT (Mlle).	Hertout (Mlle).	Rentière	Id.	1,904
HIERNARD.....	Hiernard.....	Charron..........	Orbais (Marne)........	280
HOCHART......	Hochard......	Fabric. d'huiles...	Neuve-Eglise (Belgique).	950
HOCHART......	Hochart......	Fermier..........	Sequedin (Nord).......	570
HOLLAND (Mlle)	Holland (Mlle).	Rentière.........	Paris (Seine)..........	450
HOYON.........	....	Serrurier.........	Orbais (Marne)........	600
»	Hoyon.......	....	Id.	200
»	Hoyon.......	....	Id.	200
»	Hoyon.......	....	Id.	200
HUART.........	....	Débitant	Bannogue (Ardennes)...	590
»	Huart........	....	Id.	390
»	Huart (Mlle)..	....	Id.	200
HUBERT........	Hubert.......	Sertisseur	Paris (Seine)..........	1,000
HUREL.........	Hurel (Mlle)..	Marchand épicier..	Vernon (Eure)..........	2,860
IDRAC.........	Idrac	Tanneur..........	Perpignan (Pyrénées-O.)	300

NOMS DES SOUSCRIPTEURS.	NOMS DES ASSURÉS.	PROFESSIONS.	DEMEURES.	Sommes
IZAMBART.......	....	Négociant.........	Doullens (Somme)......	2,000
»	Martin (Mlle)..	....	Id.	1,000
»	Martin (Mlle).	....	Id.	1,000
IVERNEAUX....	Iverneaux (Mlle).	Maréchal ferrant..	Villers (Ardennes)......	400
JAGOT.........	Jagot........	Propriétaire......	Evreux (Eure).........	1,400
JEAUNIAUX......	Jeaunieaux...	Id.	Ligny-le-Petit (Ardenn.)	120
JOURDEUIL (Mme).	Jourdeuil (Mlle).	Rentière.........	Toulouse (Haute-Gar.)..	500
JULLIEN (Mlle)..	Jullien.......	Couturière.......	Montmirail (Marne)....	240
JULLIEN (Mlle)..	Jullien (Mlle)..	Maîtresse de pens..	Paris (Seine)..........	1,500
KINET..........	....	Aubergiste........	Lamoncelle (Ardennes).	324
»	Kinet........	....	Id.	204
»	Kinet (Mlle)..	....	Id.	120
LABBÉ (Ve).....	....	Rentière.........	Louvres (Seine-et-Oise).	800
»	Labbé	....	Id.	450
»	Labbé	....	Id.	350
LACROIX........	....	Cordonnier.......	Brun (Aube)	400
»	Lacroix (Mlle).	....	Id.	200
»	Lacroix......	....	Id.	200
LADEVÈZE (DE).	Caillat.......	Rentier	Toulouse (H.-Garonne).	500
LAFFITTE......	....	Id.	Begay (Gironde)........	2,000
»	Laffitte (Mlle).	....	Id.	1,000
»	Laffitte (Mlle).	....	Id.	1,000
LAINÉ..........	....	Huissier..........	Magny (Seine-et-Oise)..	1,050
»	Lainé (Mlle)..	....	Id.	350
»	Lainé (Mlle)..	....	Id.	400
»	Lainé (Mlle)..	....	Id.	300
LALLEMENT ...	Lallement....	Maréchal ferrant..	Montmirail (Marne)....	1,020
LAMBINET	Lambinet (Mlle).	Aubergiste	Id.	900

NOMS DES SOUSCRIPTEURS.	NOMS DES ASSURÉS.	PROFESSIONS.	DEMEURES.	Sommes
LANDOT........	....	Charron........	La Petite-Villette (Seine).	1,000
»	Henriette.....	....	Id.	550
»	Henriette.....	....	Id.	450
LANGLOIS......	....	Propriétaire......	Orbais (Marne)........	500
»	Langlois	....	Id.	250
»	Langlois(Mlle)	....	Id.	250
LANUSSE.......	Dubois.......	Rentier	Bordeaux (Gironde).....	400
LECHÊNE.......	....	Boulanger	Thibouville (Eure).....	60
»	Lechêne......	....	Id.	30
»	Lechêne(Mme)	....	Id.	30
LECOMTE	....	Marchand de bœufs	Paris (Seine)..........	1,000
»	Cardon	....	Id.	500
»	Boulard......	....	Id.	500
LECONET.......	Leconet (Mlle).	Pharmacien	Rouen (Seine-Inférieure)	2,014
LECOQ (Ve)....	....	Epicière	Bernay (Eure).........	150
»	Lecoq (Ve)...	....	Id.	50
»	Lecoq........	....	Id.	100
LECORNU.......	Lecornu......	Instituteur	Urely (Somme)........	340
LEFÈVRE.......	Lefèvre	Rentier	Fournes (Nord)........	200
LEGENDRE.....	Legendre.....	Artiste vétérinaire.	Villeneuve-le-Roi (Seine-et-Oise).	400
LEGENDRE	Legendre.....	Maréchal ferrant..	Fromenteau (Seine-et-O.).	570
LEGENT........	Legent.......	Horloger	Vernon (Eure).........	2,000
LEGRAND	Legrand......	Cultivateur	Fonches (Somme).......	150
LELIÈVRE......	....	Propriétaire	Villiers-sur-Marne (Seine-et-Oise).	1,340
»	Lelièvre (Mlle)	....	Id.	360
»	Lelièvre......	....	Id.	380
»	Lelièvre (Mlle)	....	Id.	300
»	Lelièvre (Mlle)	....	Id.	300

NOMS DES SOUSCRIPTEURS.	NOMS DES ASSURÉS.	PROFESSIONS.	DEMEURES.	Sommes
LENORMAMD...	....	March. grènetier..	Montrouge (Seine).....	500
»	Lenormand...	....	Id.	250
»	Lenormand...	....	Id.	250
LEROUX........	Leroux.......	Peigneur de laines.	Burly (Somme)........	160
LEROY.........	Lacoste (Mme)	Marbrier.........	Evreux (Eure).........	2,000
LE ROY LA CHEMINADRIE.	Le Roy.......	Rentier..........	Jonzac (Charente-Infér.)	2,000
LETOCART.....	Letocart......	Négociant en vins..	Roubaix (Nord)........	2,000
LEU...........	Leu..........	Maire et propriét..	Grand-Rouy (Somme)..	1,600
LIMOZIN........	Limozin......	Cordonnier.......	Mézerolles (Somme)....	190
LINOT..........	Linot........	Propriétaire......	Orbais (Marne)........	600
LISBONNE......	....	Propriétaire......	Pézenas (Hérault)......	4,000
»	Lisbonne.....	....	Id.	2,000
»	Lisbonne.....	....	Id.	2,000
LORIN..........	Lorin........	Maçon...........	Baye (Marne)..........	600
LOUVET........	....	Sabotier.........	Orbais (Marne).........	600
»	Louvet (Mme)	....	Id.	300
»	Louvet.......	....	Id.	300
LOUVET........	....	Sabotier..........	Orbais (Marne)......	600
»	Louvet.......	....	Id.	300
»	Louvet (Mlle).	....	Id.	300
MACHINOT.....	Machinot.....	Boulanger........	Lisieux (Calvados)......	250
MACQUART.....	Macquart (Mlle).	Cafetier..........	Orbais (Marne)........	510
MALESKY......	Malesky......	Rentier..........	Paris (Seine)..........	1,000
MALLART......	Mallart.......	Cultivateur......	Ronsart (Somme).......	340
MANAIN........	Manain (Mlle)	Charpentier......	Montmort (Marne).....	540
MANIÈRE.......	Manière.....	Tourneur........	Bligny (Côte-d'Or).....	500
MARIZY........	....	Couvreur........	Montmort (Marne).....	740
»	Marizy.......	....	Id.	340

NOMS DES SOUSCRIPTEURS.	NOMS DES ASSURÉS.	PROFESSIONS.	DEMEURES.	Sommes
MARIZY........	Marizy (Mlle).	....	Montmort (Marne).....	400
MARTIN........	....	Agent général de l'*Indemnité*.	Beaune (Côte-d'Or).....	600
»	Martin (Mme).	....	Id.	300
»	Martin.......	....	Id.	300
MAZOUILLÉ....	....	Maréchal.........	Montmort (Marne).....	800
»	Mazouillé (Mlle).	....	Id.	200
»	Mazouillé (Mlle).	....	Id.	300
»	Mazouillé (Mlle).	....	Id.	300
METTE.........	Mette (Mlle)..	Chaudronnier.....	Lisieux (Calvados).....	200
MEUNIER.......	....	Rentier..........	Baye (Marne).........	500
»	Meunier(Mme)	....	Id.	250
»	Meunier......	....	Id.	250
MONTAIGNE....	....	Rentier..........	Aux Moulins (Nord)....	1,500
»	Montaigne....	....	Id.	500
»	Montaigne....	....	Id.	500
»	Montaigne (Mlle).	....	Id.	500
MONVOISIN.....	Monvoisin (Mlle).	Huissier..........	Pas (Pas-de-Calais)....	680
MORAINVILLE (Mme).	Morainville (Mme).	Rentière.........	Grostheil (Eure).......	100
MOREAU-VILLARD.	Moreau (Mlle).	Marchand........	Cormery (Indre-et-Loire)	750
MOREAU.......	....	Notaire..........	Tours (Indre-et-Loire)..	2,500
»	Moreau......	....	Id.	1,400
»	Moreau......	....	Id.	1,100
MORVAL.......	....	Cultivateur.......	Roye (Oise)..........	750
»	Morval (Mlle).	....	Id.	360
»	Morval.......	....	Id.	390
MOUVEAU......	....	Rentier..........	Les Moulins (Nord).....	1,500
»	Mouveau.....	....	Id.	750
»	Mouveau (Mlle).	....	Id.	750

NOMS DES SOUSCRIPTEURS.	NOMS DES ASSURÉS.	PROFESSIONS.	DEMEURES.	Sommes
NAVETIER (Mlle)	Navetier (Mlle)	Rentière.	Meursault (Côte-d'Or)..	500
OBATON	Obaton........	Garde de bois.....	Barby (Somme)........	320
OBRY	....	Ciseleur..........	Paris (Seine)...........	1,000
»	Obry	....	Id.	500
»	Obry (Mme)..	....	Id.	500
OGÉ.............	Ogé..........	Huissier....... ...	Soubran (Charente-Inf.).	1,000
OLAGNIER	....	Notaire, memb. de la chamb. de dis.	Paris (Seine)	3,000
»	Olagnier (Mme).	....	Id.	600
»	Olagnier	....	Id.	600
»	Olagnier	....	Id.	600
»	Olagnier	....	Id.	600
»	Olagnier	....	Id.	600
OZERÉ	....	Bijoutier	La Ferté-sous-Jouarre (Seine-et-Marne).	1,000
»	Ozeré........	....	Id.	500
»	Ozeré (Mme).	....	Id.	500
PAILLET	Paillet (Mlle).	Marchand boucher.	Montmirail (Marne)....	1,120
PARANT	Parant (Mlle).	Epicier...........	Montmort (Marne).....	510
PERCHAIN	Bertrand	Propriétaire......	Périgueux (Dordogne)..	2,000
PETIT..........	Petit	Marchand	Pommeras (Pas-de-Calais).	600
PETIT..........	....	Id.	Feinvillers (Somme)....	1,300
»	Petit.........	....	Id.	650
»	Petit (Mlle)...	....	Id.	650
PIART..........	Piart.........	Epicier...........	Vernon (Eure).........	600
PIEDELEU	Piedeleu	Ciseleur..........	Paris (Seine)...........	1,000
PINGEOT	....	Propriétaire.......	Ecuvilly (Oise)	1,380
»	Pingeot	....	Id.	540
»	Pingeot......	....	Id.	840
PLONQUET	Plonquet.....	Propriétaire......	Beaulieu (Oise)	1,000

NOMS DES SOUSCRIPTEURS.	NOMS DES ASSURÉS.	PROFESSIONS.	DEMEURES.	Sommes
POTDEVIN......	....	Menuisier........	Orbais (Marne)........	560
»	Potdevin.....	....	Id.	160
»	Potdevin.....	....	Id.	400
PROFIT.........	Profit (Mlle).	Marchand boucher.	Id.	850
PROT...........	Prot (Mlle). .	Rentier.........	Villers (Ardennes).....	200
PUCHEU........	Delcrosse (Mlle).	Id.	Orbais (Marne)........	300
QUENOT (Mlle)..	Quenot (Mlle).	Rentière.........	Millard (Somme).......	200
RAMEAU.......	Rameau......	Maréchal ferrant..	Choisy-le-Roi (Seine)...	500
RAVILLION.....	....	Tailleur..........	Villevenare (Marne)....	240
»	Ravillion....	....	Id.	140
»	Ravillion(Mlle)	....	Id.	100
REGNAUCOURT (DE).	Regnaucourt (de).	Mécanicien.......	Roubaix (Nord)........	1,800
REMONT.......	....	Gendarme à cheval	Combronde (Puy-de-D.)	1,800
»	Remont......	....	Id.	600
»	Remont (Mme)	....	Id.	600
»	Remont(Mlle).	....	Id.	600
ROBERT........	Robert (Mlle).	Maître sellier.....	Vernon (Eure).........	2,800
RODRIGUE.....	Rodrigue.....	Rentier...........	Rubecourt (Ardennes)..	200
ROGELIN.......	Rogelin......	Id.	Arcis (Yonne).........	1,600
ROPH..........	....	Teneur de livres..	Montluçon (Allier).....	2,000
»	Roph........	....	Id.	1,000
»	Roph (Mme)..	....	Id.	1,000
ROTHAMEL....	....	Marchand tailleur.	Montmirail (Marne)....	585
»	Rothamel....	....	Id.	225
»	Rothamel....	....	Id.	180
»	Rothamel (Mlle).	....	Id.	180
ROUILLIARD...	Rouilliard....	Charpentier.....	Caix (Somme).........	270
ROUSSEL.......	Roussel......	Meunier.........	Millard (Somme).......	360

NOMS DES SOUSCRIPTEURS.	NOMS DES ASSURÉS.	PROFESSIONS.	DEMEURES.	Sommes
ROUSSELLE.....	Rousselle	Charron	Pommeras (Pas-de-Calais).	360
ROUZÉ	Rouzé (Mlle).	Maître maçon.....	Lille (Nord)	500
ROUZÉE........	Rouzée	Tisserand	Thibouville (Eure)......	30
ROZÉ...........	....	Pharmacien.......	Vernon (Eure).........	3,280
»	Rozé (Mlle)..	....	Id.	660
»	Rozé.........	....	Id.	630
»	Rozé.........	....	Id.	840
»	Rozé.........	....	Id.	640
»	Rozé (Mlle)...	....	Id.	510
SAIZIT	Saizit (Mlle)..	Rentier	Rouillac (Charente).....	100
SANVOISIN	....	Apprêteur de plumes.	Strasbourg (Bas-Rhin)..	4,250
»	Sanvoisin (Mlle).	....	Id.	500
»	Sanvoisin	....	Id.	500
»	Sanvoisin	....	Id.	500
»	Sanvoisin (Mlle).	....	Id.	500
»	Sanvoisin	....	Id.	750
»	Sanvoisin (Mlle).	....	Id.	750
»	Sanvoisin (Mlle)	....	Id.	750
SARAZIN	....	Pharmacien	Montmirail (Marne).....	2,050
»	Sarazin	....	Id.	500
»	Sarazin	....	Id.	500
»	Sarazin	....	Id.	50
»	Sarazin (Mlle).	....	Id.	1,000
SATY	....	Fileur	Le Mesnil-Guillaume (Calvados).	300
»	Cuvreau (Mlle)	....	Id.	150
»	Saty.........	....	Id.	150
SAUVAGET (Mlle)	Sauvaget (Mlle)	Rentière.........	Pleineselve (Gironde)...	100
SAUVAGET (Mlle)	Sauvaget (Mlle)	Id.	Id.	100

NOMS DES SOUSCRIPTEURS.	NOMS DES ASSURÉS.	PROFESSIONS.	DEMEURES.	Sommes
SAUVAGET(Mlle)	Sanvaget(Mlle)	Rentière	Pleineselve (Gironde)...	100
SAUVALLE (Ve), née GROSBOIS	Sauvalle......	Hôtelière	Vernon (Eure)	1,800
SAUVALLE (Ve), née CALE.	Sauvalle......	Limonadière......	Thebouville (Eure).....	100
SAVART........	....	Propriétaire......	Montreuil (Seine)......	1,000
»	Savart (Mme).	....	Id.	500
»	Savart	....	Id.	500
SCHNEIDER (Mme).	....	Rentière	Glay (Doubs)..........	3,000
»	Jacquet (Mlle)	....	Id.	1,000
»	Jacquet	....	Id.	2,000
SEIGNEURGENS.	Seigneurgens.	Meunier..........	Caix (Somme)	330
SÉNICOURT.....	....	Cultivateur.......	Orbais (Marne).........	1,300
»	Sénicourt.....	....	Id.	520
»	Sénicourt (Mlle).	....	Id.	390
»	Senicourt (Mlle).	....	Id.	390
SIMON..........	Simon	Rentier	Pleineselve (Gironde)...	1,000
SOUFLÉTO......	Souflèto......	Facteur de la reine.	Paris (Seine)..........	4,000
SPRINGINSFELD	Springinsfeld (Mlle).	Lieut. de gendarm. en retraite.	Tours (Indre-et Loire).	1,000
STROPENO	Stropeno	Conduct. des ponts-et-chaussées.	Strasbourg (Bas-Rhin)..	1,000
STROPENO(Mlle)	Stropeno(Mlle)	Rentière	Id.	500
SUEUR.........	Sueur (Mme)..	Rentier	Autheux (Somme)......	480
TAQUOY........	....	Notaire	Montmort (Marne). ...	2,600
»	Taquoy	....	Id.	1,400
»	Taquoy	....	Id.	1,200
THEURÉ........	Theuré	Boucher..........	Arceuil (Seine)	500
TREFEON	Trefeon......	Instituteur	Méharicourt (Somme)..	800
TRONQUET.....	Tronquet (Mlle).	Propriétaire	Lequesnel (Somme)....	1,000
TUYER	Tuyer (Mlle)..	Hôtelier.........	Magny (Seine-et-Oise)..	1,000
VACHER..	....	Négociant	Paris (Seine)	4,200

NOMS DES SOUSCRIPTEURS.	NOMS DES ASSURÉS.	PROFESSIONS.	DEMEURES.	Sommes
VACHER........	Vacher........	....	Paris (Seine)..........	2,100
»	Vacher........	....	Id.	2,100
VALLÉE........	....	Tanneur.........	Montmirail (Marne)....	2,400
»	Vallée........	....	Id.	1,200
»	Vallée........	....	Id.	1,200
VÉRAN.........	Véran........	Négociant........	Rouen (Seine-Inférieure)	3,000
VESIEZ.........	Vesiez........	Cultivateur.......	Lucheux (Somme).....	100
VIGIEZ.........	Vigiez........	Gendarme à cheval	Combronde (Puy-de-Dôme).	900
VIGNIER (Ve)...	Vignier (Mlle).	Epicière.........	Montmirail (Marne)....	480
VILLARD.......	Villard (Mlle).	Maître de pension.	Cormery (Indre-et-L.)..	140
VILLET.........	Villet........	Rentier..........	Urely (Somme)........	550
VIMARD........	Vimard......	Négociant en vins.	Evreux (Eure)........	2,000
YSEUX.........	Yseux........	Propriétaire......	Mézières (Sarthe).......	600

Paris. — Typographie LACRAMPE et Comp., rue Damiette, 2.

CONSEILS

MM.

Le Lieutenant-gén., Duc de **PADOUE**, C. ✻, *Président.*

BLANQUI, ✻, memb. de l'Acad. des Sciences morales, prof. d'écon. polit. au Conservatoire, Directeur de l'Ecole de Commerce.

J. BIENAYMÉ, ✻, Insp.-gén. des Finances.

MM.

LABOT, ✻, Avocat aux Cons. du Roi et à la Cour de Cass., Rédact. en chef du Journal judiciaire de *la Presse*.

DE URIARTE, ✻, ex-Sous-Secrét.-d'Etat au départem. des Finances, Conseiller-d'Etat honor.

PÉLASSY DE L'OUSLE, ✻, ancien Maire de Paris, membre du Conseil-gén. de la Seine.

Le Baron de **KINKELIN**, Secrétaire.

COMITÉS DE PATRONAGE DE L'ÉQUITABLE.

COMITÉ DE PATRONAGE DE LA GIRONDE.

MM.

Monseigneur l'**ARCHEVÊQUE** de Bordeaux.
Le Vicomte de **PELLEPORT**, Pair de France.
D. JOHNSTON, ✻, anc. Maire de Bordeaux.
Se DELBOS, ✻, Présid. du tribunal de Comm.
FONVIELHE, Maréchal-de-camp, Commandant supérieur de la garde nationale.

MM.

Le Baron de **BASTARD**, Cons. à la Cour royale.
RABANIS, Doyen de la Faculté des Lettres.
Em. de **CHANCEL**, anc. Bâtonnier des Avocats.
CASTÉJA, Notaire, memb. du Conseil-général.
VALAT, Prof. de mathém., memb. de l'Académ.

DIRECTEURS: MM. **BLANDINIÈRES** ET **MENDOUSSE**.

DIRECTION DE LA SUCCURSALE, à Bordeaux, Pavé des Chartrons, 5.

COMITÉ DE PATRONAGE DES HAUTES-PYRÉNÉES.

MM.

LAURENCE, Vicaire-Gén., Supérieur du gr. Séminaire à Tarbes.
DÉJOUTET, Avocat à Tarbes.
DISSEZ, Directeur des Contrib. direct. à Tarbes.
DALÉAS, Not. et prem. Adj. à la mairie de Tarb.
LAFOSSE, Recev.-gén. des Finances à Tarbes.
Le Baron d'**ERLON**, Capit. de caval. à Tarbes.
DAUPHOLE, Avocat, memb. du Conseil-gén., Maire de la ville de Bagnères.

MM.

LASSERRE, Avocat, membre du Conseil-gén., à Bagnères.
DOSSUN, Impr.-Lib., Président du tribunal de Commerce, à Bagnères.
SOIZEAU, Recev. des Domaines, à Argelès.
VERGÈS-VIGNAU, Notaire, à Soulom.
BUALÈ, Pharmacien, memb. du Conseil d'arr., à Argelès.
DUFOT, Maire de la ville de Lourdes.

DIRECTEUR DÉPARTEMENTAL, M. **LACAZE**, à Tarbes.

COMITÉ DE PATRONAGE DE LA HAUTE-GARONNE.

MM.

VIGUÈRIE (PASCAL) ✻, Banquier, Président de la Chambre de Commerce.
DURRIEU ✻, Receveur-gén. des finances de la Haute-Garonne.
CARAYON-TALPAYRAC, ancien Directeur de la Monnaie.
FAURE-DÈRE, ✻, ancien Député, Cons. à la Cour royale de Toulouse.
DECAMPS-D'AURIGNAC, Conseiller à la même Cour.

MM.

MOYSSET, ✻, Conservateur des Forêts.
DE LAPLAGNOLLE (JOSEPH), Membre du Conseil-général.
DUCASSE, ✻, Prof. à la Faculté de Méd., memb. du Conseil municipal.
RECOULES (P.), Adj. à la Mairie de Toulouse.
ALBERT (JOSEPH), Juge au trib. de Commerce, membre du Conseil municipal.
NOULET, Prof. à l'École de Médecine.
MARTIN, Directeur de la Banque.

CONSEIL DE SURVEILLANCE.

MM.

CAPELLE, Notaire.
FOURTANIER (A.), anc. Proc. du Roi. Av.
ASTRE, ✱, Président de la Chambre des Avoués de la Cour royale de Toulouse.

MM.

BONNAL, Avoué au trib. de prem. instance.
GASC, (Léon), Agréé au trib. de Comm., Avocat.
DUCOS, Conseiller de préfecture, Avocat.
FETIT, Avocat.
PIJON, Chef de comptabilité à la Banque.

DIRECTION à Toulouse, rue Baraignon, n. 10.

COMITÉ DE PATRONAGE DE L'ISÈRE.

MM.

CHARMEIL, anc. Prés. du trib. de prem. inst. de Marcellin, Cons. à la Cour royale.
DE VENTAVON aîné, Avocat.
NICOLLET, Cons. à la Cour royale.
NICOLLET, Avocat.
ALLOTTE, Prof. de mathématiques spéciales.
BOYER, Conseiller à la Cour royale.

MM.

KEISER, Avoué près la Cour royale.
MAUREL DE ROCHEBELLE, Cons. *id.*
VINCENDON, Conseiller à la Cour royale.
GAGNEUR, Recev. de l'Enr. et des Domaines.
BREYNAT, ancien Avoué.
PROVANSAL, Insp. de l'Enr. et des Domaines.

DIRECTION de Grenoble, rue Saint-André, 4.

COMITÉ DE PATRONAGE DE LA SARTHE.

MM.

BASSE, chev. de la Légion-d'Honneur, ancien Maire du Mans, député.
DUBOIS, Vicaire-général, agréé par le Roi.
LIGNEUL, Chanoine hon. Aumôn. de l'hôpital.
LE BAILLIF, Chanoine honor., Curé de Saint-Benoît, au Mans.
GUILLOIS, Curé de Notre-D.-du-Pré, au Mans.
LAVERNY, Lieut.-colonel en retraite, chev. de Saint-Louis, officier de la Légion-d'Honneur.
Ch. de **SAINT-REMY**, chev. de la Légion-d'Honneur, Directeur de l'Asile de la Sarthe.
LERET-D'AUBIGNY, Receveur de l'Enregistrement en retraite, au Mans.
BOYER, anc. Prof. de rethor., officier de l'Univ.
CHEVALLIER DE LAUNAY, Bâtonnier de l'ordre des Avocats.
DIRIBERRI, Direct. des Contr. directes du département de la Sarthe.
ETOC-DEMASY, ancien Maire adj. de la ville du Mans.
GOUGEON, Avoué licencié, membre du Conseil général.

MM.

JANIN, Doct.-méd., Chirurg. en chef des hosp., membre du [illegible] médical de la Sarthe.
BARBIER, Doct.-méd., médecin de la Société de Charité maternelle.
LATOUCHE, Avocat, Docteur en Droit.
MALLET, Pharmacien, membre du Jury médical de la Sarthe.
A. DE SAINT-LAURENT, Avocat, juge suppléant au tribunal civil.
GADOIS, Négociant, juge au trib. de Commerce.
CHASLOT-PASQUER, Négociant, juge au tribunal de Commerce.
COURCELLE aîné, Marchand de fer, juge au tribunal de Commerce.
J. LEBRETON, Marchand de vins en gros, membre du Conseil municipal.
SOLAIRE, Insp. des écoles prim. de la Sarthe.
BOUGARD, Agréé au trib. de Comm. du Mans.
DE TASCHER, Propriétaire à Mamers.
LE ROUX, Avocat, juge-supp. au tribunal civil de Mamers.
E. HERVET, Contr. des Contr. dir. à Mamers.

Inspecteur des départements de la Sarthe, Maine-et-Loire, de la Mayenne et de l'Orne :
M. **FOUCHÉ**, ancien Notaire, rue d'Orléans, au Mans.
Directeur : M. **GALLIAN**, rue de Belair, 38, au Mans.

COMITÉ DE PATRONAGE DE L'ORNE.

MM.

SAVARY, Bâtonnier de l'ordre des Avocats, et ancien Maire d'Alençon.
VERRIER, Avocat, memb. du Conseil municip.
DAVOIS, Comm. de la garde nationale, officier de la Légion-d'Honn., chev. de Saint-Louis.
HUPIER, Conseiller de préfecture.
CH. CLERAMBAUT, Manufacturier et premier adjoint au Maire.
SAINT-AIGNAN, Avocat et Cons. de préfect.
LERMIER, Juge de Paix, memb. du Cons. mun.

MM.

DE FERMON, Doct.-méd. Dir. et Méd. en chef de l'Asile des aliénés du département de l'Orne.
T. LA VEILLE, Propriétaire, juge au trib. de Commerce, et adjoint au Maire.
CLERAMBAULT, Docteur-Médecin.
HOMMEY, Notaire.
GRANDIERE, Propriétaire.
LINDET (Jules), Banquier.
LA VIGNE, Médecin.
RIVIÈRE (Jules), Avocat.

DIRECTION d'Alençon, M. **PINOUL**, rue du Pleniître, 4.

TYP. LAGRAMPE ET COMP., RUE DAMIETTE, 2.

www.ingramcontent.com/pod-product-compliance
Ingram Content Group UK Ltd.
Pitfield, Milton Keynes, MK11 3LW, UK
UKHW020246250726
13967UKWH00004B/1535